海上絲路百科

吳志遠 著

中華教育

目 錄

寫在前面的話

　　海洋是美麗的、神祕的、璀璨的，是生命的源頭。作為大自然的恩賜，海洋自古以來就是我們中華民族自強不息、艱苦奮鬥的見證者。早在遠古時代，我們就有關於大海的各種各樣的故事和傳說。我們的海洋傳奇就像藍色的巨鯨，從遠古游來，向未來奔去。《山海經》是我國現存史料中最早記載海洋的著作之一，精衛填海的故事家喻戶曉。偉大的思想家莊子在《應帝王》中提出，南海的海神是「倏」，北海的海神是「忽」；他還在《逍遙遊》中講述，北冥是一片巨大的海洋，「北冥有魚，其名為鯤」。

　　從現實中看，我國東部和南部均瀕臨海洋，海岸線總長度為32000多公里，其中大陸海岸線長18000多公里，島嶼岸線長14000多公里，是世界上海岸線最長的國家之一。我國的海域位於太平洋西側，被稱為邊緣海，分別是渤海、黃海、東海和南海，總面積為470多萬平方公里，有着豐富的油氣資源和動植物資源。我們的先民很早就會利用海洋，「漁鹽之利」和「舟楫之便」是古代文獻中對海洋開發的完美詮釋。

　　秦漢時期，中國人就對海洋進行過簡單的開發。隋唐時期，隨着航海技術的提高，海上貿易和海上經濟逐漸發展起來。隨着「安史之亂」的爆發，陸上絲綢之路逐漸衰敗，海上卻飄揚起鮮豔的旗幟，海上絲綢之路在唐代之後逐漸發展起來，並在宋、元、明時期達到了巔峰。著名經濟史學家岡德·法蘭克在其代表作《白銀資本》一書中寫道，自1400年至1800年的數百年間，世界上一半以上的白銀源源不斷地從海上流入中國，購買東方的絲綢、茶葉和瓷器。那時候我們的貨幣白銀成為世界上的通用貨幣。擁有一套中國的絲綢或精美瓷器，是歐洲乃至全世界「炫富」的標誌。海上絲綢之路成為中華民族與世界交流和融合的重要通道。

　　遺憾的是，由於清代的閉關鎖國，我們在近代喪失了海上的主動權。國門被西方殖民者的「堅船利炮」打開，一系列不平等條約的簽訂，開始了苦難的近代征程。直到中國共產黨領導中國人民取得新民主主義革命的偉大勝利，才讓中國結束了一百多年來被侵略被奴役的屈辱歷史，真正成為獨立自主的國家。

　　但我們沒有忘記大海，也沒有忘記海上絲綢之路帶給整個民族和世界的偉大和輝煌。2013年10月，習近平主席在印度尼西亞國會提出建設「21世紀海上絲綢之路」的倡議，我們再次踏上征服神祕大海、走向民族復興的偉大征程。讓我們走進海上絲綢之路的璀璨歷史，共同在「一帶一路」的偉大倡議中繪製美麗的海洋畫卷！

從絲綢到瓷器

　　古希臘人將中國稱為「賽里斯」（Seres），即絲國。絲綢，是那個時代中國所獨有的精美工藝品。歐洲貴族對這種來自東方的精美物品喜愛至極，均以能夠擁有中國絲綢為榮。秦漢以後，中國絲綢成了歐亞大陸間貿易的寵兒，以絲綢貿易為主的東西方商貿活動使得這條貿易之路長盛不衰。千百年來，絲綢之路橫貫亞歐，東西方的物產、文化、思想在此交流碰撞，相互融合。直至唐代以前，絲綢和黃金都是東西方貿易中最為熱門貴重的物品，《漢書·地理志》中記載漢朝與東南亞各國的貿易過程中，「齎黃金雜繒而往」。雜繒，是漢朝人對各色絲織品的總稱。

　　唐代以後，隨着中原王朝對西域地區控制力度的下降，延續上千年的絲綢之路逐漸失去了往日的輝煌。在文化交流中，絲綢生產不再被中國所壟斷，南亞、中亞諸國均掌握了養蠶織絲技術，開始生產絲綢。這一時期的中國又以一種新的精美工藝品 —— 瓷器，吸引了世界的眼球。「白如玉，明如鏡，薄如紙，聲如磬」，古人從未吝惜對瓷器的讚美。當

唐代白釉執壺

　　歐洲人第一次見到這種來自古老中國的精美物品時，他們徹底被其魅力折服了。此後的千餘年中，歐洲上層社會開始對東方瓷器瘋狂追求。英國貴族的下午茶時間，均會將自家珍藏的中國瓷器拿出來向朋友炫耀。在他們的認知中，擁有一兩件精美的中國瓷器才是貴族身份的象徵。中國，也從西方人眼中的「絲之國」逐漸轉變為「瓷之國」。

一　神祕的「絲之國」

　　古羅馬人稱古代中國為「絲之國」，對中國生產的絲綢嚮往不已。在信息不發達的年代，他們對養蠶繅絲技術一無所知，天真地認為中國人使用的蠶絲是「森林裏所產的羊毛」。迷戀精美絲綢的古羅馬人對中國充滿了好奇心和崇敬之情。在他們眼中，來自東方的絲綢是這世上無與倫比的藝術品。

　　由於古羅馬人並未掌握絲綢的織造工藝，所以每年都需要花費巨額錢款從安息（今伊朗）商人處購買中國絲綢，這也為絲綢之路貿易的繁盛奠定了基礎。公元14年，羅馬元老院甚至明令禁止男性臣民穿絲綢衣物，原因是購買絲綢消耗了國庫中的大量黃金。然而，這並不能阻止西方對中國絲綢的瘋狂迷戀。為了減少貿易中黃金的大量流失，西方各國開始想盡辦法引進桑種和蠶種。

　　在中國壟斷養蠶繅絲技術的時代，絲綢是獲利最豐的出口物品，所以中原王朝對蠶種的出口有着嚴格的保密管控。然而在公元6世紀，中國的蠶種還是流傳到了東羅馬帝國。在查士丁尼一世統治時期，幾名曾經居住在「賽里斯」國的

查士丁尼一世，東羅馬帝國皇帝（公元527年－565年在位），史稱查士丁尼大帝。其在位時期，通過編纂法典和發佈新敕令，形成了歐洲第一部系統完備的法典《國法大全》。

波斯（今伊朗）人將蠶種封藏於竹製的空心手杖中，避過了嚴格的關卡檢查，帶到了東羅馬帝國首都君士坦丁堡（今土耳其伊斯坦布爾）。這幾名波斯人教會羅馬人養蠶取絲的技術。從此之後，羅馬人也能獨立織造絲綢了。

另一版本的故事源自唐代高僧玄奘的《大唐西域記》。書中講到，唐朝時期，在今新疆和田一帶有一個瞿薩旦那國，國王曾經派遣使者到東國（即大唐）求取桑種和蠶種。但是東國國君「祕而不賜，嚴敕關防，無令桑蠶種出也」，不許出口桑蠶種。瞿國國王無奈，只好另生計謀。他派人準備了厚禮，向大唐求親，並表示願意與大唐世代友好相處。唐王答應了他的請求後，瞿國使者便向和親的公主說道：「我國沒有絲綢，無法為您製作華麗的衣裳。如果公主您想穿漂亮的絲綢衣裳，那麼請您帶着桑種和蠶種一起嫁過來吧！」公主信以為真，就偷偷將一些桑蠶種藏在了自己華服的帽子裏。出關的時候，官員例行檢查，可是誰也不敢檢查公主的衣冠。就這樣，桑蠶種子流傳到了西域地區。這位公主在瞿國教授民眾養蠶繅絲，並且頒佈了保護桑蠶的法令。她去世之後被當地居民當作神明一樣紀念。

《大唐西域記》是由玄奘口述、辯機編撰的地理史籍，成書於貞觀二十年（公元646年），記載的是玄奘從長安（今陝西西安）出發西行，親身遊歷西域的所見所聞，是研究印度、尼泊爾、巴基斯坦、孟加拉、斯里蘭卡等地古代歷史地理的重要文獻，為各國學者所重視。

查士丁尼一世及其隨從

從上述幾個故事中可以看出，秦漢以來，中國一直以「絲之國」的形象出現在歐洲人的視野中。西方世界對神祕的東方充滿敬畏與好奇，對東方的精美絲綢更是瘋狂迷戀。然而，隨着絲織技術的外泄和中原王朝對西域地區控制力的減弱，西方人對中國的印象逐漸發生了改變。外國人眼中的「中國名片」，逐漸從「絲綢」變成了「瓷器」。

二 從「絲之國」到「瓷之國」的轉變

唐朝經歷「安史之亂」後，國力大為下降，曾經的盛唐雄風一去不返，駝鈴響徹千年的絲綢之路也逐漸輝煌不再。長期的戰亂使得中原地區再也無法對西北邊陲形成有效控制，「道路梗絕，往來不通」。同時，外國人逐漸掌握了絲織技術，在今新疆和田和土耳其伊斯坦布爾均形成了規模宏大的絲織業生產中心，中國不再是世界上唯一出口絲綢的國家。再加上陸上絲綢之路要穿越自然條件惡劣的葱嶺（今帕米爾高原）和戈壁灘，傳統的駝運方式耗時過長，價格昂貴且運輸量有限，導致唐代以後陸上絲綢之路逐漸沒落。

隨着唐宋時期製瓷工藝水平的提升，中國生產的精美瓷器漸漸取代絲綢，成為東西貿易交流中的新寵兒。瓷器傳到西方之後，歐洲人對其迷戀程度絲毫不亞於曾經的絲綢，他們稱中國瓷器為「白色的金子」。為了得到一兩件中國的瓷器，歐洲王室不惜花費重金。他們認為，能夠擁有並使用中國製造的精美瓷器，是上層社會的身份象徵。平民百姓更是不惜傾家蕩產，也要得到一件中國瓷器作為傳家寶。以至於

帕米爾高原，波斯語意為「平頂屋」，中國古代稱葱嶺，古絲綢之路在此經過。帕米爾高原地跨中國新疆西南部、塔吉克斯坦東南部、阿富汗東北部，是崑崙山、喀喇崑崙山、興都庫什山和天山交會的巨大山結，面積約10萬平方公里。

當時其他國家銷售瓷器的商人，都要千方百計在其瓷器上留下「中國製造」的印跡，才能賣個好價錢。

中國瓷器製造歷史最早可以追溯到距今約四千年的夏代，最早的瓷器是原始青瓷。在中國，人們通常將用高嶺土燒製而成的器皿稱為「瓷器」。中國瓷器的發展經歷了一個漫長的過程，在時代變遷中逐漸趨於成熟。

唐代至宋初是中國瓷器生產的第一個高潮時期。這一時期中國向外輸出的瓷器品種以唐三彩、邢窰白瓷、越窰青瓷、長沙窰彩繪瓷為主。越窰青瓷和邢窰白瓷分別代表了南北兩大瓷器派別，號稱「南青北白」。邢窰位於今河北邢台一帶，其生產的白瓷質地堅硬，製作精緻，胎釉潔白如雪。在其影響之下，北方地區出現了又一著名的白瓷窰 —— 定窰。定窰位於今河北保定一帶，其生產的瓷器以器形大方、工藝精美著稱。唐宋時期，河南也是北方瓷器生產的代表，滎陽、登封、鞏縣（今河南鞏義）、密縣（今河南新密）、郟縣和安陽都出現了能燒製精美白瓷的瓷窰。而越窰青瓷產自浙江慈溪、寧波一帶，以晶瑩如冰，溫潤

高嶺土是一種非金屬礦產，是一種以高嶺石族黏土礦物為主的黏土和黏土岩。因呈白色而又細膩，又稱白雲土。因江西景德鎮高嶺村而得名。

唐代越窰青釉雙繫瓜稜執壺

唐代邢窰白釉盤口帶蓋唾壺

宋代官窯粉青釉海棠式套盒

宋代鈞窯玫瑰紫海棠式花盆

如玉名聞海內，在它的影響下出現了一大批燒製青瓷的瓷窯。唐代茶聖陸羽在其《茶經》中讚歎道：「邢瓷類銀，越瓷類玉；邢瓷類雪，越瓷類冰」，可見唐代瓷器的精美程度。

宋代龍泉窯青釉蓮瓣紋蓋罐

　　宋元時期是中國瓷器生產的第二個高峰期。宋代瓷器以宮廷皇室所用的高級瓷器為最優，由官窯燒製，嚴禁民間使用，其造型仿古，工藝精美，價格昂貴。由於官窯生產的瓷器不許民間使用，而宮廷所需終究有限，所以宋代官窯燒製的瓷器雖然精美，卻難以得到快速的普及與發展。相反，民間各瓷窯大量興起，根據市場需求不斷革新技術，爭相發展，生命力十分旺盛。這一時期，北方瓷窯主要有定窯、耀州窯（今陝西銅川）、磁州窯（今河北磁縣）和鈞窯（今河南禹州）等；南方則有龍泉窯、景德鎮青白瓷窯等瓷窯。這些瓷窯燒製的瓷器各具特色，逐漸形成了宋代瓷器種類「百花爭豔」的局面。元代瓷器生產是在宋代瓷器基礎之上形成的，其北方瓷窯無甚創新之處，在瓷器品質上甚至不如宋代。而南方的景德鎮瓷器則在元代蓬勃發展，逐漸形成以青花瓷器為主的精品。

元代景德鎮窯青花蓮池
鴛鴦紋圖菱花口盤

　　明清時期是中國瓷器生產的黃金時期。中國瓷器的審美觀以明代為界，之前崇尚或白或青的素色瓷器，明代以後則傾向於色彩絢麗的彩瓷。明代在景德鎮設官窯，專門生產皇家專用瓷器，景德鎮也成為全國的瓷器製造中心。永樂、宣德時期的青花瓷保留了元青花的許多特徵，釉色濃郁，造型大氣。成化年間，在青花釉的基礎上着紅、綠、黃、紫等彩色，稱為「鬥彩」。嘉靖、萬曆時期，又形成了顏色層次更加豐富的「五彩」瓷器。清代皇室在景德鎮設御瓷廠，但是瓷器的燒製基本是在當地的民窯進行。康熙時期，在明「五彩」的基礎之上發展出了「琺瑯彩」；雍正時又燒製出「粉彩」；乾隆時期瓷器工藝的突出成就是「轉心瓶」的製作，轉心瓶分內外兩層，可在外層的鏤空位置看到內層轉動的圖案。清代的瓷器工藝是歷代燒瓷技術的集大成者，可謂達到了中國瓷器燒製的巔峰。

明代嘉靖五彩魚藻紋罐

清代乾隆琺瑯彩纏枝花卉紋蒜頭瓶

精美瓷器的大量製造，為對外輸出提供了保障。隨着唐代以降，陸上絲綢之路的沒落，海上絲綢之路逐漸興盛起來。中國美輪美奐的陶瓷工藝品經這條「香瓷之路」向外傳播，以其精湛的製作工藝和獨有的藝術魅力征服了全世界。

三 一條香瓷之路

從茫茫無際的中國南海經印度洋到非洲東海岸，有一條連通中國和沿線亞洲各國以及東非、北非乃至地中海國家的海上通道，這就是著名的「海上絲綢之路」，也是一條傳奇的「香瓷之路」。唐代以後，瓷器逐漸取代絲綢，成為中國出口商品的大宗，海外瓷器貿易也在世界航海交通史和中西文化交流史上佔據着不容忽視的地位。

中國自古就存在海外貿易。海上貿易航線大致起源於西漢時期，唐宋時期蓬勃發展，明代至清初處於黃金階段，鴉片戰爭後逐漸衰落。由於海上貿易的主要物品從絲綢逐漸轉變為瓷器，我們可以稱這條「海上絲綢之路」為「香瓷之路」。這條「香瓷之路」是世界上已知的最為古老的海上航線，是歷代中原王朝與周邊各國和西方諸國貿易和文化交流的主要通道。

漢代的海上絲綢之路覆蓋範圍較小，主要是以徐聞（今廣東湛江）、合浦（今廣西北海）為起點，向南經越南、泰國到達緬甸；由緬甸向西航行至印度。由印度南下航行可至斯里蘭卡，再向東經馬六甲海峽到達新加坡，再經由越南返航回到中國。這條航線探索了中國南海與印度洋之間的海道情況，初步確立了沿線各國的朝貢貿易關係，為後代完整的

馬六甲海峽是位於馬來半島與印尼蘇門答臘島之間的漫長海峽。海峽呈東南—西北走向，全長約1080公里，西北部最寬370公里，東南部的新加坡海峽最窄處只有37公里，是連接溝通太平洋與印度洋的國際水道。

海上絲綢之路奠定了基礎。同時，由中國東部沿海各港口向東航行至朝鮮半島和日本的東海航線也逐步確立。由於這條航線航程較短、難度較小，所以貿易往來更為頻繁。

漢末至隋唐，中國沿海主要口岸已經有廣州、泉州和寧波三個大港以及不計其數的小港，這為海上絲綢之路的逐漸發展完備創造了條件。唐代以前，海上絲綢之路發展緩慢。由於航海技術尚未成熟，海運風險很大，所以海上貿易並未成為對外貿易的主要形式，海上絲綢之路一度只作為陸上絲綢之路的補充通道出現。隨着隋唐時期中國造船技術和航海技術的不斷提高，海上絲綢之路發展成熟的條件已經形成。中國通往東南亞各國，經馬六甲海峽過印度洋，至紅海以及非洲大陸的新航路紛紛開闢，這條「香瓷之路」最終取代運行千年的陸上絲綢之路，成為中西方貿易文化交流的主要通道。廣州港也因其優良的深水港和便捷的地理位置成為當時中國最大的港口。

唐玄宗時期在廣州設置「市舶使」，這是中國古代最早設立的管理海外貿易的官職。唐代以後，宋、元、明各朝在沿海各港口紛紛設立「市舶司」，其地位等同於現在的海關，以加強政府對海外貿易的監管。唐代的海外貿易中，瓷器已經成為大宗物品。1998年，一家德國公司在印度尼西亞勿里洞島海域打撈出一艘唐代沉船「黑石」號，船上滿載着中國出口運往西亞、北非地區進行貿易的貨物。其中，僅中國瓷器就達到了近7萬件。這些瓷器來自唐代全國各地，包括200件浙江慈溪燒製的越窯青瓷、350件北方白瓷、200件北方燒製的白釉綠彩陶瓷和700餘件廣東民間瓷窯燒造的粗糙青瓷，另有長沙窯瓷器約56000件。研究人員在這些瓷器中見到了「寶曆二年七月十六日」的字樣。「寶曆」是唐敬宗的年號，寶曆二年即公元826年。可見在中晚唐時期，中

市舶司是宋、元及明初在各海港設立的管理海上對外貿易的官府，相當於海關，是中國古代管理對外貿易的機關。

唐代長沙窯青釉褐斑貼塑執壺

國的海外瓷器貿易就已經十分發達了。

　　兩宋時期，由於指南針在航海中的廣泛應用，遠洋船隻的航海能力得以全面提升。當時中國掌握着世界上最先進的航海技術，外國商人在遠洋貿易中都會優先選擇乘坐中國船隻。北宋時期，西域地區基本上被契丹、党項等遊牧民族佔據，至南宋時，陸上絲綢之路更是完全斷絕。這反而在客觀上推動了南宋王朝加快開闢海上貿易通道，海上絲綢之路的發展因此漸趨完善。海外貿易的關稅是南宋朝廷財政收入的主要來源。宋高宗趙構在位時期，僅廣州、泉州和明州（今浙江寧波）的三個市舶司每年上繳的稅額就高達250萬貫銅錢，是南宋年財政收入的四分之一。南宋海關收入主要來源於對出口瓷器的徵稅。當時僅廣東一省，每年就能生產一億三千萬件瓷器。南宋官員趙汝适曾擔任福建市舶司的主

管，他在著作《諸蕃志》中稱，當時已有58個國家和地區與泉州進行海上貿易，而這些貿易中最大宗商品就是瓷器。南宋時期的海外貿易已經十分發達，瓷器的對外出口更是興盛。日本學者三上次男是研究海上絲綢之路的專家，他通過對中國古代海上貿易航道的考古研究後得出結論：海上絲綢之路應該被稱為「陶瓷之路」，這是由於中國陶瓷是連接中世紀東西方世界的紐帶，同時也是中西文化交流的橋樑。

元朝是遊牧民族建立的政權，其在國內橫徵暴斂，導致農耕經濟水平大幅下降。但是在對外貿易方面，元朝統治者實行「置而不徵」的重商政策，也就是對過往客商實行免稅措施。忽必烈在位期間，在廣袤的元帝國內建了上萬處驛站，無形中為從中原到西域的貿易活動創造了便利條件。同時，元帝國的海上貿易較發達，依託大型港口與亞、非、歐、美洲的60多個國家和地區達成了貿易往來。可以說，元

元代磁州窯白地褐彩鳳紋罐

朝的對外貿易交往範圍達到了空前的地步。這一時期，南方龍泉窯和景德鎮的青白瓷、青花瓷、釉裏紅瓷，吉州窯（今江西吉安）、贛州窯、定窯、磁州窯、耀州窯燒造的各種瓷器，福建、兩廣一帶民間窯口燒製的廉價青瓷都成為海外貿易的寵兒。元朝的海外貿易十分繁盛，其關稅收入也為財政帶來了豐厚的利潤。據統計，僅1289年一年，全國市舶司就上繳珍珠200公斤，黃金160公斤，這些收入主要來源於出口瓷器所徵收的關稅。

明代至清初是海上絲綢之路的全盛時期，也是海外瓷器貿易的黃金時期。明初鄭和七次下西洋，先後到達亞洲、非洲的30多個國家和地區，與之建立了完整的朝貢貿易體系。明朝的海外航線幾乎遍佈全球。在傳統航線的基礎之上，16世紀開闢了到美洲的航線。這條航線由廣州出海，經澳門向東航行至菲律賓，在馬尼拉港停靠後進入太平洋，繼而向東至墨西哥西海岸。明代遠銷海外的瓷器，除了傳統的景德鎮、福建德化、安溪、廣東石灣等地燒造的青花瓷、彩瓷、白瓷之外，還出現了一種被歐洲人稱為「克拉克瓷」的福建漳州平和青花瓷。1602年，荷蘭人在海上劫掠了一艘葡萄牙商船——「克拉克」號，船上裝載有大量來自中國的青花瓷器。這些瓷器運往歐洲後，很快就被搶購一空。由於荷蘭人不了解這船瓷器的產地，於是將其命名為「克拉克瓷」。其實，這些「克拉克瓷」大多產自中國福建漳州的平和縣。

平和瓷器以青花瓷為優，其燒造技法和圖案藝術風格明顯受到景德鎮瓷器的影響。兩處瓷窯一在江西，一在福建，為何風格如此相似呢？原來是因為當時景德鎮的瓷器名聞海外，受到了西方人的瘋狂搶購。巨大的需求量使得景德鎮一處難以供應，於是從事瓷器貿易的商人就拿着景德鎮瓷器的樣品和西方人喜愛的圖案四處尋找瓷窯進行仿製。福建漳州

朝貢貿易是指宋代以後，中國政府准許外國使節在進貢的前提下，隨所乘船舶、車馬攜帶商貨來中國進行的貿易。朝貢貿易是封貢體系的衍生物，也是海禁政策催生的產物，以厚往薄來為原則的官方貿易。

出產適合燒造瓷器的高嶺土，沿海的民間瓷窯成功複製出景德鎮瓷器，並且在其基礎之上添加了西方人喜歡的風格，成了景德鎮瓷器的「贋品」仿製基地。隆慶年間（公元1567年－1572年），明朝開放海禁，平和出產的「克拉克瓷」更加便捷地輸送到國外，受到西方各國的追捧。清朝恢復海禁後，福建地區的瓷器出口遭遇空前打擊，久負盛名的「克拉克瓷」也隨之銷聲匿跡。

由於明清兩代的統治者實行海禁政策，大多數時候只開放廣州一個口岸進行通商貿易，因此廣州在政策力量的驅動下一躍成為中國對外貿易的第一大港。直到鴉片戰爭前夕，廣州的外國商人絡繹不絕，是當時中國與世界接觸最多、開放程度最高的城市。明清時期，以廣州為起點的海上貿易相較唐宋兩代取得了更大的發展，瓷器的製造與貿易更是空前繁榮。值得一提的是這一時期出現的廣彩瓷，是繼景德鎮瓷器之後又一受到外國人追捧的瓷器種類。中國傳統瓷器上的山水、花鳥等圖案雖然受到歐洲人的喜愛，卻未能在西方社會普及。由於技術缺陷，西方人迫切需要中國製造出符合歐洲審美的瓷器。廣彩瓷的出現恰好滿足了這一需求。廣彩瓷是由景德鎮供應的優質瓷坯製成。這些瓷坯運送至廣州後，由當地畫師按照西方審美標準設計圖案並上彩，其中的部分瓷器甚至按照歐洲商人提供的圖案上彩。中國出口貿易的瓷器不斷探索適應其他文明在宗教信仰、生活習慣、審美需求和實際使用功能上的種種需求，創造出不同於國內、風格迥異的瓷器工藝。特別是歐洲文藝復興以後，西方商人提供的器形設計、美術畫稿等使得傳統的中國瓷器增添了時尚外形和異域風情。清代中後期，皇家瓷器的造型和藝術設計中，就有很多吸收了西方美術的精華。

從唐代到清代的千餘年裏，中國瓷器暢銷海外，開闢

廣彩瓷是廣東省廣州市生產的一種釉上彩瓷。始為明代的廣州三彩，之後發展為五彩，並在清代乾隆年間逐步形成獨特的藝術風格。廣彩瓷用景德鎮的素胎瓷器，描繪出奇特的外國紋章、風光、圖案，注上外文款識，製成彩瓷銷往國外。

了一條不同於絲綢之路的海上「香瓷之路」。從東亞到東南亞、南亞，再到西亞、東非、西非、北非，從南歐到西歐、北歐，從菲律賓到墨西哥，中國的海外貿易基本覆蓋了全球。這條「香瓷之路」使得中國最精華的文化產品走向世界，為中世紀黑暗的歐洲帶去藝術的光明。同時，這條道路促成了世界各國的貿易交流，使得全球的經濟文化得以相互碰撞融合。可以説，這條由中國通向世界的海上「香瓷之路」是全球化的開端。

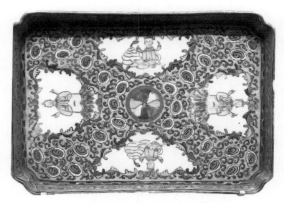

清代道光廣彩人物圖長方倭角盤

四　海上絲綢之路與陸上絲綢之路

　　陸上絲綢之路將東方的「賽里斯國」和西方各國聯繫起來。在此，我們應該界定一下絲綢之路的定義。廣義的「絲綢之路」可分為三類。第一類稱為「草原之路」，它自中國

華北出發，橫貫亞歐大陸的北方草原地區，越過荒漠和戈壁灘到達蒙古高原，再穿過人跡罕至的西伯利亞森林地帶及其南側的廣闊草原，最後到達鹹海、裏海以及黑海北岸地區。第二類稱為「綠洲之路」，它起自中國陝西關中地區，經過河西走廊，再西行通過塔里木盆地，越過帕米爾高原進入中亞、西亞，直至歐洲和北非。由於這條道路上的一個個補給站點建立在沙漠中的綠洲之上，因此得名「綠洲之路」。第三類道路被稱為「海上絲綢之路」，它起自中國東南沿海的各個港口，經東南亞、斯里蘭卡、印度而達波斯灣、紅海，由於海上絲綢之路貿易的大宗物品是中國生產的陶瓷，因此這條道路又被稱為「陶瓷之路」。

　　一直以來，海上絲綢之路與陸上絲綢之路都不是水火不容的對立關係，而是相互促進、相輔相成的補充關係。海上絲綢之路的遠洋巨艦再雄偉，也領略不到千里絕漠、長河落日的景象；駝鈴叮噹響徹千年，也無法感受東南亞熱帶島嶼的風情。海上絲綢之路與陸上絲綢之路是不同時代中國與世界交流的不同方式，其中孰優孰劣難以辨明。儘管形式各異，但是這兩條道路都是古代中國連通外界的紐帶，二者共同組成了大航海時代之前，世界各國之間文化交流通道和貿易體系。陸上絲綢之路由盛轉衰，海上絲綢之路延續輝煌，精美的絲綢與瓷器，見證着中國對外貿易的發展史。

　　陸上絲綢之路中貿易最為繁忙的通道，是前文所述的「綠洲之路」。這條陸上貿易通道的歷史十分悠久，一直以來都作為亞歐大陸上的交通動脈。中國的絲綢正是通過這條陸上絲綢之路，穿越茫茫大漠和戈壁，翻山越嶺來到中亞、西亞、歐洲乃至北非地區。然而這條道路距離過長，陸路運輸成本高昂。今天，從西安駕車至羅馬的直線距離將近15000公里，古代通過駱駝、馬匹實現陸路運輸簡直難以想

波斯灣是阿拉伯海西北伸入亞洲大陸的一個海灣，位於伊朗高原和阿拉伯半島之間，西北起自阿拉伯河河口，東南至霍爾木茲海峽，長970多公里，寬56－338公里，平均水深約40米，最大深度104米。

像。再加上唐代以後，中原王朝對西域地區管控力度的下降，絲綢貿易中間環節的增加使得價格大幅提升，種種原因均導致了陸上絲綢之路的衰落。

據學者考察，公元前1世紀時，一匹中國生產的大約25兩重的縑（一種細密的絹），在原產地的價格約為400到600文銅錢，以500文錢計算，折合黃金約0.25兩。到了羅馬的絲綢市場上，這匹絹的價格竟高達25兩黃金，上漲了約100倍。絲綢價格的飛漲實在令人瞠目結舌。那麼在中國和西方的絲綢貿易過程中，為何價格提升的幅度如此之大呢？除去陸路運輸成本的高昂之外，更有中間各方勢力的利益權衡。

據《後漢書‧西域傳》記載，東漢永元九年（公元97年），西域都護班超令甘英從龜茲（今新疆庫車）出發出使大秦，也就是當時的羅馬帝國。當甘英一行人到達安息國西側，即今波斯灣東岸準備渡海時，安息人以渡海時間漫長，海上航行危險恐怖等原因極力恐嚇甘英等人。甘英一行人被說怕了，於是打消了出海的念頭，東漢王朝與羅馬帝國的首次接觸以失敗告終。那麼，位於東漢與羅馬帝國之間的安息為甚麼要這麼做呢？《後漢書》中記載：「安息欲以漢繒彩與之交市」。意思是，安息人想作為東漢與羅馬帝國絲綢貿易的中間人，從而賺取巨額差價，所以不願意東漢與羅馬帝國之間產生直接貿易往來。再加上安息與羅馬帝國之間常常處於敵對狀態，所以安息人想通過貿易壟斷賺取羅馬人的錢財。除了安息之外，橫亙於絲綢之路沿線的貴霜等國也都有「分一杯羹」的想法。所以，中國絲綢被過境各國層層盤剝，到達歐洲時自然價格飛漲。上述的種種原因導致陸上絲綢之路逐漸沒落的同時，海上絲綢之路卻在時代的發展中逐漸成熟起來。

陸上絲綢之路是唐代以前中國對外貿易的主要通道。

班超

漢唐時期，中原王朝對西域地區的控制不斷加強，為陸上絲綢之路的形成提供了保障。出口產品本身的特性也決定了其運輸方式。這一時期中國出口的物品中以絲綢為主，絲綢織品體積較小，質量較輕，適合陸路駝運。在乾燥的沙漠和戈壁中，絲綢能保持本色，不易腐爛。所以在唐代之前，中國與外界的貿易往來主要依靠陸路運輸，貿易物品以絲綢為大宗。

唐末至宋朝，中國的經濟重心不斷南移，南方的經濟發展漸漸超過北方，海上絲綢之路也在這一時代背景下蓬勃發展。海上絲綢之路販運的大宗商品以瓷器為主，茶葉、絲綢也是暢銷世界的中國產品。由於瓷器體積較大，品質較重，且易破碎損壞，無法適應陸路的長途運輸。布匹的包裹、填充都無法避免在運輸過程中的磕碰造成的損失。為了將瓷器販運至域外獲取暴利，商人們想盡了辦法。其中值得一提的是一種用種子包裹的辦法。商人在需要遠行販運的瓷器中填充泥土，在土裏種上豆子或麥子的種子，待種子發芽後將瓷器纏繞包裹得十分嚴實，可以避免運輸途中一定程度的磕碰損壞。古人通過智慧創造出這一遠距離保存瓷器的方法，後代商人以此將大量體積巨大、造型別致的瓷器運往世界各國。

在鐵路未開通前的時代，海運以其運輸量大、速度快、更平穩安全優於陸運。然而在宋代以前，海上航行是一件非常危險的事情。秦時徐福遠赴扶桑求長生之藥，從此音信全無；唐代鑒真大師六渡日本，幾次命懸一線。宋代將指南針應用於航海技術後，遠洋船隻的安全性極大提升。造船技術的提高，使得宋代已經能夠造出千噸級以上的大型船隻。再加上唐宋時期，人們將天文學和地理學理論應用於海事活動，使得遠洋航行成為可能。

除用種子包裹瓷器外，古人還有其他包裹瓷器的方法：瓷器的內包裝有紙包和草紮兩種，外包裝則主要有木桶和竹簍兩種。相對上等的用紙包桶裝、次之草紮桶裝，而商用銷售或相對低等的瓷器則只用芨草、竹簍包紮。

　　在中華民族歷史上，許多光輝燦爛的成就中，瓷器是獨
具魅力的發明之一。它和絲綢一樣，都是華夏文明對於人類
文明做出的偉大貢獻。絲綢貿易繁榮於兩漢，是陸上絲綢之
路的標誌；瓷器貿易興盛於宋明，是海上絲綢之路的明珠。
它們既代表中國古代手工藝品發展史中的兩個階段，又反映
了中西方經濟文化交流中的兩個時期，真可謂「各領風騷數
百年」。在古希臘、古羅馬時期，中國被稱為「絲國」；中
世紀以後，中國成為世界公認的「瓷國」。這一發展不僅僅
是對外貿易物品的簡單轉變，更是代表着中國文化藝術的發
展和國際影響力的提升。從絲綢到瓷器，是中國從「絲之
國」向「瓷之國」的轉型，是海上「香瓷之路」確立的標
誌，同時也是中國古代絲綢之路開闢歷史上的新起點和新
篇章。

第二章

海上絲綢之路的路線

　　從現代的概念來看，航線一般指的是輪船在海洋上運輸的路線，也被稱為海上運輸線，包括行駛的路線，各個港口水文的分佈，水上的建築物以及為航路服務的各種設施的綜合。從古代的概念來看，海上絲綢之路的路線主要圍繞商品輸出的概念形成，一般指海上交通的發展，不同地區不同國家間的海上來往以及由此形成的固定航線等。中國古代海上交通主要指的是同以日本為主的東方海洋交通，以及與歐洲、南亞等國進行的西方海上交通等。

　　我們偉大的祖國是一個地大物博、人口眾多的大國。她不但有着遼闊的疆域，而且整個東邊和東南邊都面對着大海，有着漫長的海岸線，那裏波濤洶湧，氣象萬千。在海疆的北部，有遼東半島和山東半島護衛着祖國的門戶；在南部，有台灣島和海南島兩個大島矗立於祖國大陸身旁，更往南還延伸到南沙群島等處。中國沿海與世界第一大洋 —— 太平洋緊密相連，有着許多天然良港，星羅棋佈着大大小小的島嶼，非常便於從事航海活動。

　　雖說古代中國是一個以大陸為中心的農業國，航海業不過是封建王朝發展過程中的副產品，但仍有諸多仁人志士、諸多先輩歷經艱險、拓海開洋，一起打造了連通東西方的「海上絲綢之路」。在這條海路上，沿線的國家之間不僅實現了貿易上的互通有無，並且還對經濟的繁榮起到了重要作用；甚至促進了不同民族文化的交匯融合，對人類文明進步產生了深遠的影響。鼓樂喧天、萬千舟楫揚帆出海，絢麗的歷史風雲彷彿金色波浪，將我們帶到中古的海上絲綢之路，一起去領略沿途的風光。

一 東西方的海上交通

海上絲綢之路是古代中國與外國交通貿易和文化交往的海上通道，交易的物品不僅有絲綢，還有陶瓷、香料、寶石、皮貨等等，故也被稱為「海上陶瓷之路」和「海上香料之路」。「海上絲綢之路」最早於1913年由法國的漢學家沙畹在其著作《西突厥史料》中提及。沙畹認為，絲綢之路應分為兩條：一條陸上，一條海上。「海上絲綢之路」的具體名稱，則是日本學者三杉隆敏於1967年在其出版的專著《探索海上絲綢之路》中提出來的，已為學術界普遍接受。此外，也有許多學者進行了海上絲綢之路路線、港口、交易對象的相關研究，可謂成果斐然。

海上絲綢之路萌芽於商周，發展於春秋戰國，形成於秦漢，興於唐宋，轉變於明清，是已知最為古老的海上航線。海上絲綢之路分為東海航線和南海航線兩條線路，其中以連接歐亞非的南海航線為中心。

海上航行必須有船隻，我們的祖先在遠古時代就已經學會造船了。到了商代，已經出現了木板船，可以進行比較短途的沿海岸航行。但同時這種木板船的抗風能力較差，容易出現事故，後來出現了所謂的「帆」。西周時代，東南沿海一帶的百越人以善於造船著稱，他們經常在南海進行航海活動，通過番禺（今廣東廣州）進行貿易，最遠已到達東南亞。秦朝時期，秦始皇派遣50萬大軍南征百越，一部分原因就是為了獲得當地的珠寶、犀角、象牙、翡翠等。

東西方的海上交流並不是單程的。在世界航海史上，除了中國以外，古希臘、古羅馬、古埃及、古印度、波斯、阿拉伯等國人民，在開闢海上交通與東西方貿易上也都盡了自

沙畹

埃瑪紐埃爾·愛德華·沙畹（1865年－1918年），法國漢學家，學術界公認的19世紀末20世紀初世界上最有成就的中國學大師，公認的「歐洲漢學泰斗」。

「百越」源於先秦古籍對東南沿海一帶古越族的泛稱，包括吳越、揚越、東甌、閩越、南越、西甌、駱越等眾多越族支系，因部族眾多，故謂之「百越」。

己的一份力量，做出了偉大的貢獻，為海上絲綢之路的繁榮添磚加瓦。

在中國南方，近年漢墓考古中出土了一大批非洲的象牙、波斯的金銀器，甚至在廣州發掘的漢墓中還有不少外國人形象的陶俑。這表明在秦漢時期，從中國南方到波斯灣的海上路線就已經打通。在這條航線上，不是一個國家的商人就可以走完全程的，有波斯商人、印度商人、東南亞商人以及大秦商人等等。

公元3－6世紀，南海諸國與印度洋主要國家的交往明顯增多，商業也愈加繁榮。發祥於印度的佛教通過海路在東南亞諸國廣為傳播，成為世界上最有影響力的宗教之一。公元4世紀時，天竺（今印度）佔據重要的航海貿易港口和商業要道，控制了很多國外市場。天竺商船往東可以到達東南亞、中國，往西航行可以到達波斯灣、地中海。這一時期天竺商人控制着海上絲綢之路要道，成為極其重要的中轉站。

歷史上，通達始終是開放的產物，也始終是開放的推力。海上絲綢之路發展中的幾次大繁榮，都與當時中國的對外開放息息相關。漢武帝鑿空西域、放舶南海，讓海上絲綢之路走向印度洋乃至更遠的地方；盛唐大開放，直接推動廣州等南方港口的興起；有宋一代，中國的造船、羅盤、造紙、製瓷等先進技術和物品在海上絲綢之路沿線分享和傳播；明代鄭和七下西洋，是外交活動，更是商業和文化的大交流。

公元7－8世紀，世界上三個強大的國家大唐、阿拉伯帝國以及拜占庭帝國，分別掌管着各自沿海的貿易，各國的商人也都踴躍貿易，連通亞非歐三個大洲。這一時期開闢了一條重要的海道：廣州通海夷道。同時也興起了一大批商業貿易城市，比如阿拉伯帝國的巴格達、開羅，大唐的泉州、

東羅馬（拜占庭）金幣仿幣

廣州、寧波等等。以巴格達為例，他們的商業極其繁榮，市場上有着來自全世界各種各樣的東西，如來自中國的瓷器、絲綢，來自埃及的大米和小麥，來自波斯的香水等等。唐代中日交流也極其繁榮。唐朝國力強盛，文化發展迅速，加上開明的外交政策，日本遣唐使絡繹不絕，唐人東渡接連不斷。據史料記載，隋唐時期，日本曾正式派出使團到達中國13次。使團人數，多近六百人，少不下百人，隨着日本使團而來的還有大量的留學生、僧侶，他們深入中國進行多方面的學習，汲取中華文化精華，回到日本後協助朝廷推動日本社會的發展。

到了宋元時期，由於西北陸上絲綢之路的不順，以及全國經濟中心的南移，造船技術的提升，特別是指南針應用於航海，海上絲綢之路出現了空前繁榮的景象，成為中國對外交往的主要通道。比如元代的泉州港已經超越廣州港，與埃及的亞歷山大港並稱為「世界第一大港」。泉州的高度繁榮也反映了當時中外貿易之繁盛。同時有古籍記載，那時候的

日本遣唐使船

中國海船已經可以搭載幾百人甚至一千人以上了，船上防衛力量充足，常備指南針可以確定航海的方向。那時有很多外國人喜歡搭乘中國的船隻，他們認為中國海船比較安全和舒適，非常適合海上航行。

明清時期海上絲綢之路本應隨着時代的發展更為繁榮，但因為海禁的實施，一定情況下阻礙了東西方交通的發展，但這一時期仍舊有鄭和下西洋這樣的偉大事件發生。同時這一時期歐洲國家進行了創新，成為東西方交通的主導者，中國在航海大國中的地位下降。那時有三個極其重要的歐洲人，完成了一些在當時看起來根本不可能完成的壯舉，那就是新航路的開闢。這三次壯舉分別是哥倫布發現了美洲新大陸，達·伽馬發現了歐洲通往印度的航線，麥哲倫第一次完成了環球航行。伴隨着新航路的開闢，新的時代來臨，世界也發生了翻天覆地的變化。

鴉片戰爭以後，近代中國一直無法掌握海關主權，西方列強牢牢掌握着海上貿易的主動權，海上絲綢之路基本

達·伽馬

瓦斯科·達·伽馬（約1469年－1524年），葡萄牙航海家、探險家，從歐洲繞好望角到印度航海路線的開拓者。達·伽馬通航印度，促進了歐亞貿易的發展。

沉寂。改革開放以後，海上絲綢之路才重新煥發了活力與激情。近年中國所提出的「21世紀海上絲綢之路」的倡議，是對古代海上絲綢之路的繼承與發展，以點帶線，以線帶面，增進周邊國家和地區的交往，串起連通東南亞、南亞、西亞、北非、歐洲等各大經濟板塊的市場鏈，發展面向南海、太平洋和印度洋的戰略合作經濟帶，完成亞歐非經濟貿易一體化的長期目標。

在東西方交通史上，殖民主義、海盜搶劫、宗教衝突、國家或民族間的戰爭屢見不鮮。海上艦隊經常是陸地暴力征戰的繼續，海盜船與海盜活動幾乎與世界海洋發展歷史相始終。不過，東西方的主流是和平交往，海上絲綢之路文化遺產以實物圖像的形式，再現久遠的東西方海上交往與文化交流的歷史，帶給人們的基本信息無疑是國際間的友誼之旅與和平交往，喚醒各國人民對以往對外交往的美好記憶，展示人類創造文明、共同發展的智慧，有利於增進世界和平與友好。

二 始於漢代的南海航線

南海航線，又稱南海絲綢之路，起點主要是廣州和泉州，是中國起源時間最早、線路最長、連接國家最多、最為複雜的航線。這條線路又分南線和東線，其中南線是海上絲綢之路最早開闢、最主要的航線，自番禺、泉州、徐聞、合浦起航，進入南海，沿着中南半島沿海海域，穿越馬六甲海峽，進入印度洋，至西亞和非洲東海岸各國，支線經波斯灣、紅海，延伸至歐洲；東線則在明清時期開闢，由東南沿海通過太平洋到達美洲。

莫高窟第323窟張騫出使西域圖（初唐）

公元前111年，漢武帝在派張騫「鑿空西域」之後出兵平定南越，在嶺南設置九個郡，開始擁有直接通往南海諸國的海上通道，也成為海上絲綢之路形成的標誌。據《漢書·地理志》記載，漢武帝派使者由徐聞、合浦等港口前往南海地區，最遠到達今天的斯里蘭卡進行官方貿易。由中國向斯里蘭卡的航線，與地中海、紅海、印度洋向東方的航線正式交匯，這樣雙向的路線正式構成了所謂的「海上絲綢之路」。

西漢時期，南海航線正式形成，這條航線的路線大致為：從今廣東徐聞和廣西合浦始航，經過5個月的航行，到達今越南南部的濱海某地（都元）；由都元再航行4個月，到達泰國灣西北部海岸某地，很可能是湄南河入海處（邑盧沒國）；從邑盧沒國再航行20餘天，到達克拉地峽附近的頓遜（諶離）；自頓遜登陸，橫穿馬來半島，再沿馬來半島西海岸步行到達今緬甸丹老群島北端某地（夫甘都盧），共需13

張騫（？－公元前114年），字子文，漢中城固（今陝西城固）人，漢代傑出的外交家、旅行家、探險家，絲綢之路的開拓者。

天左右；從夫甘都盧改乘船隻，向西航行2個月，便到達了今印度的康契普臘姆（黃支），前後共費時整整一年時間。歸程差不多也是同一路線。

東漢時期，已經有古籍記載了中國與大秦（羅馬帝國）通過海上進行的間接貿易。中國商人運送絲綢、瓷器經海路由馬六甲海峽經蘇門答臘到印度，並且採購香料、染料運回中國。印度商人再把絲綢、瓷器經紅海運往埃及的開羅港或經波斯灣進入兩河流域，再由古希臘、古羅馬商人從埃及的亞歷山大等港口經地中海運往古希臘、古羅馬的大小城邦。

南海航線隨着時代變化也一直有改變，到了隋唐時期，海上絲綢之路的主港從徐聞、合浦變成了廣州。據《新唐書》記載，當時東南沿海有一條通往東南亞、印度洋北部諸國、紅海沿岸、東北非和波斯灣諸國的海上航道，這就是所謂的「廣州通海夷道」，也是「海上絲綢之路」最早的叫法。這條航線途經100多個國家與地區，假如不考慮停留時間的話，以當時船隻的航行速度，航期大約89天，是當時世界最長的遠洋航線。當時的廣州港，「大舶參天」「萬舶爭先」，唐代詩人劉禹錫驚歎之餘，曾留下「連天浪靜長鯨息，映日帆多寶舶來」的詩句。以貨物論，這條海上商路往外輸出的主要商品是絲綢、瓷器、茶、銅鐵器四大宗，往回輸入的則主要是香料、花草等供宮廷賞玩的奇珍異寶。除中國人出海經商外，當時匯集廣州的各國外商也很多，甚至出現了集中的僑居地（即所謂「蕃坊」「蕃市」「蕃學」等），堪稱「蕃漢萬家」。這一時期，陸上絲綢之路逐漸衰落，海上絲綢之路開始逐漸顯露它的重要性。廣州是海上絲綢之路上時間最長的始發港，唐玄宗開元年間在廣州設立了市舶使，一般由宦官擔任，總管海路邦交外貿。

宋元時期，南海航線主要始發港又有了一些新的變化。

劉禹錫

劉禹錫（公元772年－842年），字夢得，籍貫河南洛陽。唐朝文學家、哲學家，有「詩豪」之稱，與柳宗元並稱「劉柳」，與韋應物、白居易合稱「三傑」，並與白居易合稱「劉白」。著有《劉夢得文集》《劉賓客集》。

泉州，古稱「刺桐」，曾被馬可·孛羅譽為「東方第一大港」。北邊日本和朝鮮半島客商希望宋朝主港口儘量靠北，而貿易量更大的阿拉伯世界和南海諸國則希望儘量靠南，兩股方向的合力點便平衡在當時地處南北海岸中點的泉州，正是這一南北兩面輻射的地理優勢使得泉州在設立市舶司（公元1087年）正式開港後，逐漸取代廣州，成為世界第一大港和南海海上絲綢之路的起點。

到了明代，鄭和率領船隊七下西洋，開啟了中國遠洋航行的新時代。明成祖永樂年間，鄭和受命下西洋，率領浩浩蕩蕩的船隊遍訪亞洲、非洲的三十幾個國家、地區和城邦，包括爪哇、蘇門答臘、蘇祿（今菲律賓）、彭亨（今馬來西亞）、真臘（今柬埔寨）、古里（今印度西南部）、暹羅（今泰國）、榜葛剌（今孟加拉國）、阿丹（今也門）、天方（今沙地阿拉伯麥加）、左法爾（又名祖法爾，今阿曼）、忽里模子（又譯忽魯謨斯，今伊朗東南部）、木骨都束（今索馬里摩加迪沙）等地，最遠到達東非、紅海，船上裝載着大量的金、銀、手工藝品，交換回珠寶和香料、染料等奢侈品，建立起朝貢貿易體系，彰顯大國神威。鄭和七次下西洋，跨南海、渡印度，遠航西亞直至東非海岸，是世界航海事業的先驅，創造了世界航海史上的奇跡，標誌着明朝對海上絲綢之路的發展和貢獻，也標誌着古代海上絲綢之路在明代的鼎盛。

同時，這一時期新航路的開闢及地理大發現，傳統的南海商道也漸漸演變成連接全球的海洋貿易網絡。明初由於海禁，泉州慢慢衰落，特許例外的廣州負責對南海諸國的貿易，又恢復了中國對外貿易首港的地位。在明朝，閩浙市舶司時置時罷，唯廣州市舶司一直不變。明代中葉澳門開埠，與廣州一起，居於連接全球海運航線網絡的中心。因此，廣

州在明代號稱「天子南庫」，是「在海外非常出名」的繁華
之區。1534年，葡萄牙人克里斯托旺‧維埃拉在廣州發出
的信說，中國規定對外貿易只能在廣東開展，其他省區不准
進行，因為廣東比其他任何省區都更具有同外國人進行貿易
的條件和能力。信中還說，廣東是中國最好的省區之一，這
裏的土地是「世上最富饒的」。其實，正如維埃拉所說，給
廣東帶來諸多名聲的關鍵因素，就是因為「它毗鄰大海」。
也是在這一時期，南海航線的東線開闢了，自廣州、澳門、
漳州月港起航，經菲律賓馬尼拉，再橫渡太平洋到達美洲新
大陸。

　　清朝南海絲綢之路出現了巨大轉變，開始走向衰敗。
清代閉關鎖國，廣州長時間處於「一口通商」的局面，對外
貿易只能通過特許經營的官方貿易機構 —— 廣州十三行進
行。從廣州出發的航線，是國內唯一通往歐洲、拉美、南
亞、東洋（今日本）的環球貿易航線，也是清政府閉關政策
下唯一倖存的海上絲綢之路。唯一的通道雖然給廣州帶來了

描繪廣州十三行的作品

盛況，但其他貿易城市卻逐漸沒落，中國也逐漸失去了南海絲綢之路主導權。特別是鴉片戰爭以後，西方列強的堅船利炮打開了中國封閉的國門，中國慢慢變成半殖民地半封建國家，海上絲綢之路已經名存實亡。

三 直通日本的東海航線

　　秦代從渤海到朝鮮半島的海上交通較為發達，《後漢書·東夷傳》記載，辰韓的立國是一些老百姓因不堪忍受秦的奴役，通過海上到達朝鮮半島後建立的國家。漢初，燕人衛滿入侵朝鮮半島，滅了箕子朝鮮，建立衛氏朝鮮。因衛氏朝鮮阻斷了漢與日本的海上交通，公元前109年，漢朝派五萬大軍從山東半島出發，渡過渤海滅掉衛氏朝鮮，重新溝通了中日航線。東漢末年，大量高官如管寧、王烈等由山東半島渡海移居到遼東，同時也確立了中國與日本較為固定的海上交通，即以朝鮮半島的樂浪郡（今朝鮮北部）為仲介，溝通中日。

　　在日本和歌山縣新宮市背山面海的樹林中，有一座墓碑赫然在目，墓碑上刻着「秦徐福之墓」。徐福又名徐市，秦代方士。司馬遷在《史記》中記載：「遣徐市發童男童女三千人，入海求仙人。」相傳秦始皇一統六國後，自認為功高三皇，德過五帝，達到唯我獨尊的地步，可是卻害怕死亡，一直以來冀求長生不老，於是詢問眾大臣，如何才能夠獲得永生。一位大臣建言，琅琊山（今山東青島）有一方士，叫作徐福，聽聞可以溝通仙人，何不召他來問問。徐福到達後，向皇帝答覆，要到海中仙山，即蓬萊、方丈、瀛

衛氏朝鮮存在於公元前194年－公元前107年。西漢初年，燕國人衛滿率千餘人進入朝鮮，推翻箕子朝鮮自立，是朝鮮半島歷史中最早得到考古及文獻證明的國家。公元前107年，衛氏朝鮮滅亡。

日本佐賀縣「徐福上陸地」
木製標柱

小野妹子（約公元565年－
625年），日本飛鳥時代（公
元592年－710年）政治
家。根據《日本書紀》記
載，公元607年與608年以
遣隋使的身份來到隋朝，
到訪洛陽，漢名為「蘇因
高」，為其名的漢語諧音。
雖然名為「妹子」，但卻是
男性（當時「子」字男女
皆可用）。

洲，採來藥材，才能煉出長生不老的仙丹。因此需要童男童
女各三千人，能工巧匠一百名，以及相應的物資。其實徐福
心中明白，哪有甚麼長生不老藥，隨後就開始了逃亡，在海
上艱難航行，乘風破浪，日夜兼程，以星斗為導向，尋找三
山，歷盡千辛萬苦，終於尋找到陸地。據說他來到的是日本
的富士山，之後就在此繁衍生息。

　　曹魏時期，日本卑彌呼女王遣使覲見，獻厚禮。皇帝認
為，卑彌呼不遠萬里來進貢，憐其忠良，封「親魏倭王」，
同時賜予金銀紫綬以及諸多厚禮。南朝到隋代，中日間的溝
通一直在延續，中日航線是從日本南部出發，先到朝鮮半島
西南端的百濟國，再轉向山東半島的蓬萊，最終南向長江口
或者西向長安進發。據《隋書·倭國傳》記載，隋文帝開皇
二十年（公元600年），倭王「遣使詣闕」，這是日本首次向
隋朝派遣使節。大業三年（公元607年）七月三日，日本朝
廷任命官居「大禮」的**小野妹子**為使臣，以精通中國語的鞍
作福利為翻譯官，率領使節團再度訪問隋朝。小野妹子所呈
倭王致隋煬帝的國書稱「日出處天子致書日沒處天子無恙」
云云，隋煬帝看了國書很不高興，但出於對兩國友好關係
的重視，特派文林郎裴世清於大業四年（公元608年）三月
隨歸國的小野妹子回訪，四月到達日本。小野妹子訪問中
國，偕「沙門數十人來學佛法」。有倭漢直福因、奈羅譯語
惠明、高向漢人玄理、新漢人大國等留學生及新漢人旻、南
淵漢人請安、志賀漢人惠隱、新漢人廣齊等學問僧同行。留
學生為學者，學問僧的修學亦不僅限於佛教。他們在中國留
學、居留十數年，甚至有長達三十餘年，直到唐代才返回日
本，由於多屬所謂「漢人」「新漢人」，懂得中國語，善於在
中國學習，其對中國的政治制度、律令法規、宗教和文化等
各方面的知識都很淵博，故為日本朝廷所重用，對日本國家

的治理和革新起了很大作用。無論從中國還是從日本的立場
出發，日本的遣隋使與此後的遣唐使是前後相連，關係緊密
而不可分割的，可以說遣唐使是遣隋使的延續。

　　到唐代，中日航線有了進一步的變革，由一條增加到
兩條，可以從日本南部直接向西南航行到達長江口。東北航
線記載更加詳細，由登州（今山東蓬萊）出發，東北經長山
島、欽島、南城隍島、北渡烏湖島海面，到馬鐵山以東的都
里鎮，再向東航行，過大連灣、桃花鋪、杏花浦、石城島、
鹿島、安東縣（今遼寧丹東東港）南面海域，進入鴨綠江
口，再向南航行，過身彌島、貝江口、椒島，到達新羅（今
朝鮮半島），再向南過江華島，到達朝鮮半島最南面，即可
直奔日本。唐朝是中日交流最為頻繁的朝代，大量的遣唐使
在中國學習，吉備真備和阿倍仲麻呂是其中的典型。

　　吉備真備生於公元695年，本姓下道，原名下道真備。
其父下道國勝官居右衛士少尉，為奈良時代的下級武官。其
母楊貴氏，世居吉備國。按當時規定，中級以下官吏的子
弟只能作為留學生，而不能作為使節遣唐，只有名門之後和
有權勢的子弟才有可能被選派為遣唐使。吉備真備為赴唐求
學，15歲時便申請入大學寮，接受省試。元正天皇靈龜二年
（公元716年），他從八位候選人中脫穎而出，被選為遣唐
留學生，時年22歲。第二年，即元正天皇養老元年（公元
717年），吉備真備隨第九次遣唐使團入唐，時值唐玄宗開
元五年。

　　這一次遣唐使的押解使為多治比縣守，大使是阿倍安麻
呂，副大使是滕原馬養。同行者中除吉備真備外，還有留學
生阿倍仲麻呂、大和長岡，學問僧玄昉，加上其他隨行人員
及水手共557人，分乘四條大船，三月從今大阪出發，取南
路，僥倖無事，一路順風，渡過了中國東海，到達今上海附

吉備真備

阿倍仲麻呂紀念碑

阿倍仲麻呂（公元698年－
770年），漢名晁衡，字巨
卿，中日文化交流傑出的
使者，日本奈良時代的遣唐
留學生之一。公元717年入
唐，因「慕中國之風」不
肯離去，於是改名晁衡，
長留大唐。公元770年正月
在長安辭世，時年72歲。

近，隨後又取道陸路，九月到達唐都長安。吉備真備與阿倍仲麻呂同乘一船，年齡相仿，志向一致，很快便成了摯友。但阿倍仲麻呂與吉備真備不同，其父官為中務大輔，是當時的中等貴族，而吉備真備之父地位要低得多。到了長安以後，阿倍仲麻呂很快便進入了「太學」，而吉備真備卻只能就學於四門學。吉備真備雖然未能進入太學，但是，由於唐玄宗崇尚禮儀，友善鄰邦，國無大小，凡入朝使者和前來留學的學生均以禮相待。因此，吉備真備到達長安，進入鴻臚寺後，唐玄宗便指派四門學助教趙玄默前往鴻臚寺，授吉備真備以《漢書》《禮記》之類。趙玄默是當時很有影響、很有名望的學者，他受詔於唐玄宗，負責編纂祕書省的典籍。

　　吉備真備在唐留學近十九年，不僅隨師學習了各種課程，還獨自鑽研了許多方面的學問。《扶桑略記》中列舉了他在唐所學的有三史、五經、刑名、算術、陰陽、曆法、天文、漏刻、漢音、書法、祕書、雜占等。吉備真備與阿倍仲麻呂的學習成績十分突出。阿倍仲麻呂在學完了太學課程並獲得了「國士學」之後，便參加了科舉考試，中了進士。當時的科舉要求是很嚴格的，不要說是外國人，就是唐朝的秀才要考取進士也並非輕而易舉。阿倍仲麻呂能夠進士及第，這在遣唐留學生中也是少有的。阿倍仲麻呂考取進士後便入朝為官，先是任左春坊司經局的校書，其後升任左拾遺。唐開元十九年（公元731年），他被任命為左補闕。此時，他常有機會得見玄宗皇帝，玄宗便將他原來的名字改為晁衡，也有人稱其為晁卿。阿倍仲麻呂不僅官居高位，同時也和當時的大詩人李白等名流是好友。天寶十一年（公元752年）十月十五日，阿倍仲麻呂從蘇州起航回國。是夕皓月當空，皎潔的月光撒滿大江，秋水共長天一色。阿倍仲麻呂仰視海天，惜別中國，遂詠成和歌一首。但是，命運卻偏偏為難歸心似

李白

箭的阿倍仲麻呂，他們一行在歸國途中遇到了風暴。藤原清河大使和阿倍仲麻呂所乘的第一船觸礁，不能繼續航行，與其他三船失掉聯繫，被風暴吹到今越南的驩州海岸。登陸後，不料又遭橫禍，全船一百七十餘人，絕大多數慘遭當地土人殺害，倖存者只有阿倍仲麻呂和藤原清河等十餘人。天寶十四年（公元755年），他們歷盡艱險，再次回到長安。

　　隋唐時期是中日友好往來的鼎盛時期。兩國互派使者，其中佛學界來往尤為頻繁。公元742年，日本榮睿、普照兩位和尚前往揚州拜訪鑒真，請鑒真去日本傳授佛學。於是鑒真開始了他一生的壯舉──東渡日本。鑒真東渡日本歷時12年，其間經歷的磨難是常人不可想像的。鑒真由於東渡多次失敗，加上心急勞累而雙目失明，但他矢志不移，終於在公元753年第六次東渡成功。公元759年，鑒真和他的弟子建成唐招提寺並在此講法。在傳授佛學的同時，鑒真也為日本窮人治病，傳播醫學知識，日本人民因此尊稱鑒真為「過海大師」。公元763年，鑒真身體狀況越來越差，於五月客死異鄉，終年76歲。

　　宋代，中日貿易從不間斷。因為北方的燕雲十六州為遼所佔有，因此較少使用北方航線。南方航線的航運港口是明州，即現在的浙江寧波。航行的季節，為了利用信風，提升航行的速度，去日本者多在夏季，回國者多在秋末冬初。

　　1260年，成吉思汗的孫子**忽必烈**自稱大蒙古國大汗，1271年正式建國號「大元」。經過一系列的南征北討，周邊大多數國家都表示了臣服。但是忽必烈還沒有完全滿足，他認為，日本也要前來朝貢才行，於是三次遣使到日本，欲與「通和」。日本朝廷接到國書後，經過討論，斷然拒絕了元朝方面通交結鄰的要求。

　　忽必烈惱羞成怒，於1274年和1281年兩次出兵征日，

忽必烈

史稱元日戰爭。元日戰爭後，中日貿易戛然而止，僅存少量的私下貿易。

明代建立後，為了彰顯國威，使萬國來朝，建立了厚往薄來的朝貢貿易體系。周邊各國以其特產來朝貢，明朝則返還其大量的貨幣、絲綢和茶葉等，因此各國爭先恐後來朝貢，日本也不例外。嘉靖二年（公元1523年）六月，日本左京兆大夫內藝興派使者宗設抵達寧波；沒多久，右京兆大夫高貢的使者瑞佐也偕寧波人宋素卿隨後到達。由於宋素卿賄賂寧波市舶太監賴恩，宴會時得以坐在宗設上座，其貨船雖然後至，卻先於宗設貨船受檢。宗設於是怒殺瑞佐，焚其船隻，追宋素卿至紹興城下，沿途燒殺搶掠。明軍備倭都指揮劉錦、千戶張鏜戰死，朝野震動，史稱「爭貢之役」。

據嘉靖年間的《寧波府志》記載：這兩夥倭寇互相仇殺，以至於城門失火殃及池魚，大量百姓因此遇難。這一事件直接導致明朝政府廢除福建、浙江市舶司，僅留廣東市舶司一處，也導致明朝與日本的官方貿易途徑斷絕，倭寇滋生。經過戚繼光平倭，倭患漸輕，然而並不能解決根本問題。直至隆慶開關，倭寇才逐漸消失。

中日航線從西周開始，經過不斷的探索，最終在秦代形成初步的路線，漢代逐漸完善，而後一步步地發展變化。中日間的交流也逐步頻繁起來，由最開始的官方通使，建立聯繫，漸漸地發展到貿易往來。不過也並非一帆風順，其間也有一些不愉快。但是總體而言，中日在這條航線上增進了友誼，擴大了經濟文化的交流與融合，促進了雙方共同發展。

第三章

海上絲綢之路的璀璨明珠

海上絲綢之路是連接東西方的海上交通線，也是溝通人類物質文明和精神文明的重要橋樑。坐落於中國華南大地之上的廣州，是海上絲綢之路的起點之一，是世界海上交通史上唯一的兩千多年長盛不衰的大港，被稱為「歷久不衰的海上絲綢之路東方發祥地」。早在秦漢時期，廣州便是嶺南地區的一大都會。魏晉南北朝時期，廣州開始成為海上絲綢之路的主要港口。到了唐代，廣州發展成為中國第一大港，成為世界著名的東方港市。宋元時期，廣州持續發展。明清兩代，由於朝廷實行海禁政策，廣州遂成為中國對外開放的唯一港口。廣州的海上絲綢之路貿易比唐、宋兩代獲得更大的發展，並且一直延續和保持到鴉片戰爭前夕。同時，廣州也成為早期貿易全球化中的重要一環。

在中國綿延千年的海外交流史上，泉州曾廣為世界各國的航海家和商人們所熟知。意大利著名的旅行家馬可·孛羅稱讚泉州為「東方第一大港」，與埃及的亞歷山大港齊名。深受《馬可·孛羅遊記》影響的哥倫布立志開闢東方新航路，他在意外發現美洲新大陸時還以為終於到達了泉州。經聯合國教科文組織確認，泉州是古代海上絲綢之路的重要起點。據史料考證，最遲在南北朝時期，當時稱為梁安郡的泉州就已經成為海上交通貿易的港口。從唐末五代開始，泉州絲綢之路日益興盛。宋元時期，泉州港達到鼎盛，成為中國第一大港。明清時期，由於「海禁」政策影響，泉州逐漸衰落。總之，泉州在海上絲綢之路的歷史中佔有重要地位。

寧波位於中國浙江省東部的沿海之濱，是海上絲綢之路的重要港口。早在七千年前，這裏的先民就已經活躍於海上，創造了河姆渡文化。春秋戰國時期，寧波的句章港是中國著名的九大港口之一。東漢末年至魏晉時期，寧波港的海上貿易初具規模。到了唐代，寧波港的建設發展迅速，成為

哥倫布

克里斯托弗·哥倫布（1452年－1506年），意大利探險家、航海家，大航海時代的主要人物之一，地理大發現的先驅者。

河姆渡文化1973年第一次發現於浙江寧波餘姚河姆渡鎮，因而得名。河姆渡文化是新石器時代母系氏族公社時期的氏族村落遺址，反映了距今約七千年前長江下游流域氏族的情況。在眾多的出土文物中，最重要的是發現了大量人工栽培的稻穀，這是目前世界上最古老、最豐富的稻作文化遺址。

與各國通商貿易和文化交流的重要口岸。宋元時期，寧波港達到鼎盛。明清時期，寧波港受「海禁」政策的影響，逐漸蕭條。

一　歷久不衰的絲綢之路大港：廣州

　　廣州古稱番禺，是嶺南地區的一大都會。番禺位於西江、北江和東江三江的交匯處，南面瀕臨浩瀚的南海，因此具有成為海河港的潛力，近可通過三江到達嶺外各地，遠可出海抵達南海沿岸各地。番禺得天獨厚的地理條件為其港灣的興起奠定了基礎。據考古學家研究，早在先秦時期，嶺南地區就已經與南海沿岸各地進行了海上交流。秦始皇統一中國後，在嶺南地區設置了桂林郡、南海郡和象郡三郡，加強了這一地區的開發。之後，秦朝故將趙佗統一嶺南地區，建立南越國，定番禺為都城，嶺南與南海各國的海上交往進一步發展。元鼎五年（公元前112年）漢武帝平定南越國，將嶺南地區重歸中央王朝的統治之下。漢代的「大一統」與國力強盛，為擴展與南海沿岸各國的交往提供了物質基礎。據《漢書·地理志》記載，西漢時期的船舶已經到達了今天的中南半島、印度東南海岸與斯里蘭卡等地。東漢時期，海上絲綢之路的交往貿易日益頻繁。延熹九年（公元166年），大秦國王安敦派遣使者通過海上絲綢之路到達中國，獻上了象牙、犀角、玳瑁等禮物，這是歐洲國家使者訪問中國的最早記錄。這一時期，由於航海技術有限，只能近岸行駛和海陸換乘；加上船隻的體積較小，裝載的淡水和糧食等生活必需品有限，需要從途中的港口及時補給，所以漢朝交趾灣

南越國是秦朝末年至西漢初年存在於嶺南地區的一個政權。秦末，南海郡尉趙佗乘秦亡之際，於公元前204年建立南越國，定都於番禺。公元前112年，漢武帝出兵滅亡南越國。

（今北部灣）沿岸的日南（今越南中部）、徐聞和合浦等地成為海上絲綢之路的主要港口，番禺港的遠航優勢並沒有發揮出來，只充當了來自交趾灣各港市海外商品的中轉站。

到了三國時期，孫吳政權佔據江南地區，特別重視發展水運。當時的造船和航海技術比秦漢時期有所進步，船舶容量增大，不必依靠沿岸港口補給生活用品；船舶性能有了很大提升，可以進行深海航行。因此，孫吳開通了從番禺直達東南亞各國的航線，這直接導致了徐聞、合浦等地的衰微，為番禺港的潛在優勢發揮提供了機遇。建安二十二年（公元217年），交州刺史步騭將治所從廣信（今廣東封開）遷往番禺，嶺南的政治中心回歸番禺，這無疑提高了番禺作為一個港市的地位。黃武五年（公元226年），孫吳政權決定劃分合浦以北地區為廣州，廣州由此得名。由廣州首航，穿越海南島東部、西沙群島至東南亞的航線一經開通，就奠定了廣州作為南海交通樞紐的地位。東晉南朝時期，歷代政權都對海外貿易持積極態度。因此，許多商人、僧侶和中外使節沿着海上絲綢之路絡繹不絕地往返中國。東晉時期，高僧法顯曾經從印度經海路回國，在他的《佛國記》中記載了從今印度、斯里蘭卡到廣州之間的航程路線。當時的海上絲綢之路以廣州為始發港，可穿越馬六甲海峽到達東南亞各國，橫渡孟加拉灣和阿拉伯海後進入波斯灣，再經幼發拉底河至今伊拉克等地，或沿阿拉伯半島沿岸進入紅海，經轉運陸運後與地中海相通。前來廣州通商的國家和地區已有大秦、天竺、獅子國（今斯里蘭卡）、占城（今越南南部）、扶南（今柬埔寨）等，海上貿易日益興盛。

法顯

唐代是開闢海上絲綢之路新紀元的重要歷史時期，廣州在當時已是全國最大的港口城市，成為海外交通和貿易的中心，也是世界著名的商業大港。唐朝國家安定統一，紡織業

和製瓷業等手工業發展超過前代，而且當時的造船技術有了新的進步，可以製造一種名叫「俞大娘」的大舶，能載重萬石（1石約120斤），這些都為海上絲綢之路的繁榮提供了足夠的物質條件。不僅如此，唐代實施對外開放的政策，廣泛與世界交往。當時世界各國的人們可以通過海上和陸上絲綢之路到達中國，真可謂是「條條道路通大唐」。《新唐書·地理志》中詳細記載了以廣州為起點的海上絲綢之路。賈耽把從廣州至巴士拉港（今伊拉克）的航線稱為東岸路，大致包括今越南、馬來西亞、印尼、斯里蘭卡、印度、巴基斯坦、伊拉克等國沿海港口；把阿拉伯半島沿岸、亞丁灣和紅海航線稱為西岸路，大致包括今沙地阿拉伯、阿拉伯聯合酋長國等國的沿海港口。這條「廣州通海夷道」是當時世界上最長的航線，全長約1.4萬公里，是中國和亞非人民友好往來的歷史見證。廣州的對外貿易十分繁盛，許多海外的奇珍異寶和香料等舶來品聚集於此，不少外商在廣州經營珠寶、香料等生意，吸引各地客商前來交易，形成了國際性的商業市場，而中國的絲綢、漆器和陶瓷等出口商品也以廣州為集散地。此外，在唐代還有很多外國商人在廣州留居，有大食（阿拉伯帝國）、波斯、天竺、獅子國和真臘等國的商人，據說有十餘萬之多，有的甚至留居數十年而未歸。唐朝為了便於管理，指定地點作為外國人的居住地「蕃坊」，在蕃坊中設有蕃長處理其內部事務。

宋元時期，廣州繼續發展。開寶四年（公元971年），北宋朝廷在廣州設立市舶司（相當於現今的海關），以掌管中外海上貿易。南宋由於偏安江南，以東南沿海為其經濟重心，因此更加重視海上貿易。兩宋時期一改過去等外商前來貿易的被動局面，積極走出海外，力求掌握南海與印度洋貿易的主動權。宋代的製瓷業十分發達，當時宋瓷從海上絲綢

蕃坊，又作「番坊」「蕃巷」，指的是唐宋時期阿拉伯（大食）、波斯穆斯林僑民在華聚居區。當時來華的阿拉伯、波斯商賈被稱作「蕃商」「蕃客」，故名。由於在蕃坊居住的以外國商人居多，因此有用於番貨交易的番市。

之路大量輸出，曾銷往日本、占城、真臘、天竺、大食，甚至遠達東非海岸的層拔（今坦桑尼亞）等廣大亞非地區。除瓷器外，傳統的絲織品及茶葉等也佔據重要地位。通過以廣州為起點的海上絲綢之路，中國與海外的交往比之前更加廣泛，主要以菲律賓群島和印度洋地區的東非海岸為主。但是到了南宋時期，由於泉州為臨安（今浙江杭州）輸送舶來品比廣州更加便捷，再加上福建的手工業如銅器、鐵器、陶瓷、紡織等發展顯著，使得泉州地區的海外貿易得到迅猛發展，一躍成為當時中國第一大港。宋代的廣州依然保持其繁盛的格局，是船舶航行與海外商貨的集中地。有元一代，廣州作為中國主港的地位雖被泉州取代，但仍不失為中國的第二大港市，依然在海上絲綢之路上發揮着重要作用。

明清時期，統治者為了鞏固政權採取海禁政策。明朝建立後，朝廷明令不准私人從事海外貿易，違者給予嚴屬懲處，只保留了官方有限的朝貢貿易。這嚴重阻礙了商品經濟的發展。即使如此，廣州仍是對外貿易的主要港口。明初於廣州設置市舶提舉司，指定廣州為東南亞、南亞地區許多國家的通商口岸，因此廣州佔據了海外貿易的絕大部分。明嘉靖四十四年（公元1565年）後，西班牙每年派一至四艘載重由300噸至1000噸的帆船，橫渡太平洋，來往於墨西哥的阿卡普爾科與菲律賓的馬尼拉之間，人們稱之為「馬尼拉大帆船」。帆船運送的主要是祕魯、墨西哥等地出產的白銀，以換取馬尼拉市場上的中國生絲和絲綢。這樣，以絲貨為主的中國商品源源不斷地流入歐洲，廣州也成為這條絲綢之路上重要貿易基地，成為早期經濟全球化中的重要一環。

清朝初期，為了消滅台灣鄭氏的抗清勢力，朝廷在嚴禁私人下海貿易的同時，還將沿海人民遷入內地，海外貿易遭到十分沉重的打擊。隨着清朝統治逐漸鞏固，康熙二十四

「馬尼拉大帆船」是1565年至1815年的250年間，航行於菲律賓的馬尼拉與墨西哥的阿卡普爾科之間的貨運船隻，是一種木製帆船，一般載重量在幾百噸到一二千噸。由於馬尼拉大帆船的貨物主要來源於中國，以生絲與絲綢為主，因此墨西哥人直接把馬尼拉大帆船叫作「中國船」。

年（公元1685年）取消禁海令，設立了粵海關（今廣州）、閩海關（今福建漳州）、浙海關（今浙江寧波）和江海關（今上海），負責管理海外貿易。後來為了防止西方殖民者的侵略，乾隆二十二年（公元1757年）關閉江、浙、閩三處海關，把中西貿易僅限於廣州一口，並由廣州十三行負責同外商進行貿易並管理約束外商，從此廣州獨佔中國對外貿易的鱉頭，一直保持至鴉片戰爭前夕。鴉片戰爭後，中國海權喪失，淪為西方列強的半殖民地。廣州作為通商口岸被迫開放，成為西方傾銷商品和掠奪原料的市場。從此，廣州港一蹶不振。

二　東方第一大港：泉州

　　泉州地處福建東南沿海，與寶島台灣隔海相望，其海岸線蜿蜒曲折，形成了眾多海灣，是天然的避風港口；其水域寬闊、航道深邃，比較適宜停駐大型船舶。同時泉州港地處晉江下游，內陸河道通暢，可達福建的大部分地區，貨物運輸極為便捷。當地的先民充分利用這些得天獨厚的航海條件，在沿海地帶長期經營，形成了「三灣」（泉州灣、圍頭灣、深滬灣）及兩江（晉江、洛陽江）範圍內由眾多碼頭構成的集群港，與世界上許多國家和地區進行頻繁的海上貿易活動，孕育出了「海上絲綢之路」上一顆璀璨明珠——泉州。

　　泉州在先秦時期屬於百越之地。秦始皇統一中國後，泉州歸閩中郡管轄。漢代屬閩越國。直至隋開皇九年（公元589年），「泉州」的名字才正式出現。此後，泉州的名稱與建置

多有變更。本書中所說的「泉州」，是指唐代以後的泉州，也就是今天泉州市及其周邊地區。早在南北朝時期，泉州港就已經成為對外交通的重要港口之一。當時由於中原戰亂頻繁，北方大量漢族人口相繼南遷入閩，不僅為泉州增加了大量的勞動力，而且帶來了先進的文化和生產技術，促進了泉州地區社會經濟的發展。當時泉州的海上交通初步形成，出現了以梁安港為中心的海外貿易港口。南朝陳文帝時期（公元560年－565年），當時的天竺高僧真諦（拘那羅陀）想要從泉州乘船回國，後來因為當地僧人與官員所阻未能返國。由此可見，當時的泉州就已經與印度有了海上交通。

唐代是中國國力強盛與經濟繁榮的時期。此時的福建地區得到了進一步開發，泉州經濟也日漸繁榮。泉州地區的農田水利得到改善，人口日益增多，紡織業、製瓷業等手工業顯著進步，為海外貿易的開展提供了必要的物質條件。開元六年（公元718年），泉州正式設置州治。元和六年（公元811年），泉州提升為上州，成為閩南地區政治、經濟、文化的中心。「安史之亂」後，唐朝由盛轉衰，之後吐蕃又佔領了安西四鎮（龜茲、于闐、焉耆、疏勒），這直接導致西域陸上絲綢之路阻塞、而且陸上絲綢之路主要靠駱駝商隊運輸，運量少、運費高，使得海上運輸的優越性日益顯著。因此，唐朝後期中西方的交通轉以海道為主。公元7世紀中葉，阿拉伯帝國崛起。阿拉伯商人積極從事海洋貿易，他們直達中國東南沿海經營絲綢、瓷器、香料等行業，大大刺激了泉州港的進一步繁榮。沿着這條海上絲綢之路，滿載貨物的船舶由東南海港揚帆，經今越南東海岸過新加坡海峽，到蘇門答臘島，再穿過馬六甲海峽，橫渡印度洋，抵達今斯里蘭卡，再沿印度半島西海岸進入波斯灣；或出霍爾木茲海峽，駛向非洲東岸。公元9世紀中葉，阿拉伯著名地理學者

真諦

真諦（公元499年－569年），古印度優禪尼國人。南朝梁武帝時，真諦攜帶大量梵文經典，乘船來到梁都建康（今江蘇南京）。準備開始譯經時，「侯景之亂」爆發，於是他輾轉到富春（今浙江富陽）才開始譯經。真諦與鳩摩羅什、玄奘、不空並稱為中國佛教四大譯經師。

伊本．胡爾達茲比赫在他所著的《道里邦國志》（又名《道程與郡國志》）一書，把泉州同交州（今越南河內東）、廣州、揚州並列為中國對外的四大貿易港。唐朝末年，廣州被黃巢起義軍攻佔，造成了巨大破壞，這也間接促進了泉州港的發展。

伊本．胡爾達茲比赫（公元820年－912年），阿拉伯地理學家。伊本．胡爾達茲比赫至少撰寫過九部著作，其中最著名的是《道里邦國志》（又名《道程與郡國志》）。

　　五代十國時期，福建地區割據獨立，建立了閩國。王審知統治閩國期間，採取了「保境安民」的政策，對外同南方諸鄰國友好相處，對內勵精圖治、輕徭薄賦，使福建地區的生產得到發展。此後，泉州刺史王延彬忠實執行了王審知「招徠海中蠻夷商賈」的政策，充分發揮泉州港的優勢，極力提倡航運。留從效執政後，不僅積極發展海外貿易，還進行了擴展泉州城的偉大工程，方便了貨物的運輸和商旅的活動。新城建立起來後，還沿城種植了著名的風景樹刺桐。每當春天來臨，火紅的刺桐花和高大的城牆相映成趣，給人以深刻印象。外來商旅見此盛景，便以「刺桐」命名泉州，「刺桐港」這個名字也廣泛流傳於當時的海上絲綢之路所歷各處。之後，陳洪進歸降於北宋，使得泉州港免受戰火的摧殘，其海外貿易得以繼續發展。

　　宋元時期，泉州港的對外交通日益鼎盛。北宋哲宗元祐二年（公元1087年），泉州正式設立市舶司，這標誌着泉州進入中國最重要的對外貿易港行列。設司以後，泉州港可以直接發船到海外進行貿易，也能接納外來商船，進出口貿易得到迅速發展。同時，城內洛陽橋的建成大大改善了泉州的陸路交通，使商品流通更加便捷，為泉州港的繁盛創造了良好的交通條件。在這種情況下，泉州擺脫了廣州港的附庸地位，得以獨立開港，這是一個重要的轉變。泉州開港以後，北上可經過杭州、明州而通達高麗（今朝鮮半島）、日本，為廣州港所不及。南宋王朝建立之後，以東南地區為其統治

重心。為了增加財政收入，特別重視發展海外貿易。當時的都城臨安成為全國最大的消費城市，泉州為臨安輸送舶來品遠較廣州便捷，頗佔地利。而且，泉州的陶瓷業發達，其紡織業也有了很大的發展，為海外貿易提供大量的外銷產品。因此，南宋末年，泉州港超越廣州港，成為當時中國的第一大港。當時的人們記載道：「若欲船泛外國買賣，則自泉州便可出洋」，由此可見泉州港的重要性。

元代，泉州港依然保持着海上絲綢之路第一主港的地位。泉州繼續與海外諸國交通，以泉州為中心，向東可以到達日本和朝鮮半島；向東南可到今菲律賓、越南和柬埔寨等國；穿過馬六甲海峽，可以到達今孟加拉國和印度；沿着印度半島西行，可直抵今伊朗、阿拉伯半島以及北非等國家。此時，泉州港的海外貿易達到了空前繁榮的階段。著名的歐洲旅行家馬可·孛羅曾經打了一個生動的比喻説：如果埃及的亞歷山大港有一船胡椒運往西方國家，就會有一百艘裝載胡椒的船運來泉州港。也就是説，當時泉州港的貿易額相當於西方國家的一百倍。他讚美泉州港是當時世界上最大的良港之一。而且，當時數以萬計的外國人在泉州經商、遊歷和傳教，以阿拉伯人為主，泉州成為「民夷雜處」的著名海港城市。

明清時期，泉州的對外貿易和文化交流受到嚴重的削弱，但泉州百姓仍然通過私商貿易等各種渠道發展對外貿易和友好往來。明永樂十五年（公元1417年），偉大的航海家鄭和第五次奉命出使西洋。這次他從泉州出發，到達了東南亞的占城、爪哇，最遠到達了東非木骨都束、卜喇哇（今索馬里布臘瓦）、麻林（今肯亞馬林迪）等國家。鄭和在泉州地區招募水手，組織朝貢的物品，並將泉州的文化帶到東南亞地區，這次遠航成為泉州港最後的餘暉。之後，朝廷為防

馬可·孛羅

馬可·孛羅（1254年－1324年）出生於威尼斯一個富裕的商人家庭，意大利旅行家、商人，代表作品有《馬可·孛羅遊記》。

止民眾私通倭寇，改變了以往對外開放的政策，推行「禁海」。雖然同樣設立了市舶司，但規定泉州港只允許通商琉球（今日本沖繩）一國，與昔日可通往世界各個國家和地區大不相同，導致泉州的海外交通衰落。

　　明成化八年（公元1472年），泉州的市舶司遷往福州，標誌着泉州港四百年的外貿港地位的終結。清代初期，鄭成功佔據台灣與清廷對抗，朝廷下令遷界禁海，使泉州的社會經濟遭到嚴重破壞。大批先民為了生計開始離開故土，他們乘海船，赴台灣、下南洋。這些背井離鄉、為生存打拼的泉州移民依靠自己勤勞的雙手，終於在落腳之地闖出一番成績。現如今，泉州籍華人華僑已成為海外華人華僑的中堅力量，泉州也成為台灣同胞的主要祖籍地。令人惋惜的是，由於明清統治者長期推行閉關鎖國政策，人們似乎忘記了我們祖先曾經征服海洋的光輝歷史，忘記了連接東西方的海上絲綢之路，也忘記了曾經輝煌過的「刺桐港」。

三　「神舟」之港：寧波

　　寧波位於長江三角洲地區，北面瀕臨杭州灣，東面依靠東海，與舟山群島隔海相望；寧波處於中國海岸線的中段，扼南北航路之要衝，具有十分便利的航海條件。後來，當地的先民開鑿了浙東運河，將寧波與錢塘江連接起來，使其具有了海河共運的潛在優勢。隋朝開通大運河後，浙東運河又成為大運河的自然延伸段，從而構成了一個完整的南北水運體系，寧波則成為大運河出海口。通過錢塘江、長江和大運河等眾多水系，寧波港可以運輸眾多舶來品到達內陸地區，

內陸地區的各種商品也可以運送至港口。在得天獨厚的自然條件下，「神舟」之港寧波逐漸發展壯大，在海上絲綢之路的發展中佔據着重要地位。

寧波是中國一座開展海外貿易較早的港口城市。傳說在四千多年前的夏朝時期，大禹劃分「九州」，寧波就隸屬於古揚州之域。那時的揚州不是現在江蘇的揚州，而是泛指江南地區的廣大水鄉。春秋時期，寧波為越國領地。秦始皇統一中國後，在今天的寧波地區正式設立了鄞、鄮和句章三縣，歸屬會稽郡。唐代改為明州。元代改稱慶元路。到了明代，明太祖朱元璋取「海定則波寧」之義，將明州改稱為寧波，之後一直沿用至今。據考古發現，浙江寧波的河姆渡遺址中發掘出了距今約七千年的木槳和陶舟，這說明當時的寧波先民已經從事水上活動，自然對停靠船舶的港口存在需求。

春秋戰國時期，寧波境內的第一個港口 —— 句章港出現。句章港的建立為人們從陸地走向海洋奠定了基礎，間接推動了古代寧波的對外交流。秦漢時期，句章成為海上交通與軍事行動的港口。西漢元鼎五年（公元前111年），東越王餘善反叛朝廷。次年，漢武帝派遣橫海將軍韓說「出句章，浮海從東方往」，配合其他軍隊共同鎮壓了東越王的叛亂，這是史書中關於寧波大規模航海的最早記錄。然而此時寧波地區的社會生產力尚不發達，句章港的對外經濟貿易活動很少，只充當着軍事港口的作用。東漢末年，寧波地區的海上貿易開始興起，一些舶來品已經通過海上絲綢之路傳至寧波，也有一些外國胡商乘坐船舶到達過寧波。此外，佛教也通過海路逐漸傳入寧波。東吳時期，印度高僧那羅延從海道來到句章，創建了浙江地區最早的寺廟 —— 五磊寺，距今已有一千七百多年的歷史。西晉時期，阿育王寺與天童寺

禹，姒姓，夏后氏，名文命，安邑（今山西夏縣）人，上古時期夏后氏首領、夏朝開國君王。

等也興建起來，這些都是寧波地區與海外文化交流的見證。之後，隋朝開通了縱貫南北的大運河，擴展了寧波港的經濟腹地，為後來寧波海上絲綢之路港口城市的形成奠定了良好的基礎。

到了唐代，由於造船業和航海業的進步，加上唐朝實行比較開明的對外政策，使得寧波地區的海外貿易迅速發展。開元二十六年（公元738年），浙東鄞縣從越州單獨劃出，設立明州，由縣級建制提升為州級建制。經過半個多世紀的發展，長慶元年（公元821年），明州正式在「三江口」建城，這標誌明州已經正式成為海上絲綢之路的港口城市，並躋身於唐代廣州、揚州、明州（另說泉州）、交州四大名港行列。這一時期，寧波的海外貿易日益繁榮。明州自古盛產瓷器和絲綢，特別是越窯青瓷的製作工藝高超，贏得了「九秋風露越窯開，奪得千峰翠色來」的美譽。陶瓷外銷是促進寧波對外貿易發展和港口興盛的強大動力。從中唐開始，越窯青瓷製品大量輸出海外，到達了新羅、日本、東南亞、南亞甚至非洲大陸及沿海港口。同時，明州商團開始崛起。民間的李鄰德商團和張支信商團往返於明州與日本之間，並逐漸控制了東亞貿易圈的貿易權。此外，唐代的明州也是日本遣唐使的主要登陸港口之一，與日本人民的友好往來相當頻繁。著名的遣唐使、大詩人李白的好友阿倍仲麻呂（漢名晁衡）就是從寧波港回國的。貞元二十年（公元804年），日本僧人最澄搭乘日本遣唐使的船隻入唐求法，向明州官員提出申請，希望能到天台山進修。當時的明州書史（掌管文書的官吏）和台州刺史批准了這一申請並簽發給他通行證──《明州牒》，至今還保存在日本，已被奉為國寶。貞元二十一年（公元805年），最澄攜帶大批經卷從明州港起航回國，次年創建了日本天台宗，成為日本佛教的流派之一。

最澄

吳越（公元907年－978年），五代十國時期的十國之一，由錢鏐於後梁開平元年（公元907年）所建，定都杭州。吳越強盛時擁有現今浙江省全境、江蘇省東南部、上海市和福建省東北部一帶。吳越歷三代五王，至太平興國三年（公元978年）錢弘俶「納土歸宋」，立國七十二年。

錢鏐

五代十國時期，寧波的海外貿易繼續發展。吳越國統治的浙江政局比較安定，經濟有所發展，為寧波海外貿易的發展提供了有利的條件。吳越王錢鏐專門設立了「沿海博易務」，主管南北貨物交易。同時還採取積極發展海外貿易的方針，廣招海賈，大興舟楫之利，除加強與日本的貿易外，又開創了與高麗的通商。這時寧波地區還增辦了新的窯場，瓷器的外銷量有所增長，大多輸往日本、高麗等地，深受海外大眾歡迎。

宋元時期，寧波的海外貿易達到繁盛，明州（元代改為慶元）與廣州、泉州成為中國的三大海外貿易港。這一時期，寧波除了和日本、高麗繼續交往外，還逐漸發展了與東南亞、南亞和阿拉伯等國家和地區的通商貿易，輸出的物品種類增多，貿易額不斷擴大。寧波港的主要出口商品有瓷器、絲綢和茶葉等；其主要進口商品有東南亞地區的香料、日本的木材，還有朝鮮半島的藥材等。北宋咸平二年（公元999年），朝廷在明州設置市舶司，管理海外貿易，明州港專門負責同日本、高麗進行通商貿易。明州港的造船技術十分發達。元豐元年（公元1078年），明州奉命承造了兩艘船隻，每艘船的頓位巨大，可以乘載五六百人。這兩艘「神舟」代表宋朝出使高麗，引得高麗人歎為觀止，並爭相觀看。從此，寧波「神舟」之港的美名流傳開來。南宋初期，受宋金戰爭的影響，當時的北方人民大批南遷，帶來了充足的勞動力和先進的生產技術，促進了浙江商品經濟的繁榮，為寧波海外貿易的發展提供了充足的貨源。此外，南宋統治者對海外貿易採取鼓勵政策，注重經營東南海上貿易以擴大財政收入。因此，距離都城臨安不遠的明州港就成了海外諸國的使者、商賈和僧侶的入境之地，進口貨物也多由明州轉運全國各地，寧波的海外貿易與交流到達了高潮。元朝在佔

領寧波地區後設立了慶元路，並於至元十四年（公元1277年）在慶元設置了市舶司，推行比南宋更加開放的外貿政策，使得慶元港比以前更加繁榮。

明清時期，寧波的海外貿易陷入衰退。明朝實行海禁政策，不許民眾自由出海貿易，同時嚴格限制外國商人來華貿易。明初於寧波設置市舶提舉司，指定其為明朝與日本進行往來的唯一合法口岸。此外，明朝規定日本人只能每隔十年來一次中國。在此背景下，寧波正常的海外貿易受到嚴重打擊，其海外貿易被迫通過非法走私的形式才得以進行，寧波地區的雙嶼港一度是浙江乃至江南最大的私商港。清初，寧波是全國武裝抗清最激烈、最悲壯的地區之一。清朝佔領寧波後，為了鎮壓東南沿海的反清力量，實施了「遷界遷海」的政策，使寧波與海上絲綢之路的聯繫幾乎斷絕。

隨着清朝政權的鞏固，康熙二十四年（公元1685年）取消了禁海令，在全國設立了粵海關、閩海關、浙海關和江海關，負責管理海外貿易，其中浙海關就設在寧波城內。這樣，寧波的海上絲綢之路復甦。18世紀前後，英國人在寧波沿海進行了較頻繁的貿易活動。乾隆二十二年（公元1757年），由於清朝規定英國人只能在廣州進行通商，因此寧波與西方國家的關係被迫斷絕。同時，日本德川幕府長期實行「鎖國」政策，只開放長崎作為唯一的外貿港口，並不斷強化對海外貿易活動的控制。這樣，寧波與日本的貿易也受到了嚴重的制約。到1840年鴉片戰爭爆發之前，寧波的海上絲綢之路陷入停滯不前的狀態，只能非常艱難而曲折地延續着。第一次鴉片戰爭後，英國逼迫清政府簽訂《南京條約》，強迫中國開放廣州、廈門、福州、寧波和上海五個對外通商口岸。從此，中國在很長一段時間之內受到西方列強的壓迫與控制，海上絲綢之路進入了衰落階段。

德川幕府（1603年－1868年）又稱江戶幕府，是日本歷史上最後一個武家統治幕府。從1603年，德川家康在江戶（今東京）開設幕府，至1868年江戶開城，共歷經十五代征夷大將軍，歷時265年。1868年，德川幕府垮台。此後，日本結束了將軍及幕府統治的歷史。

德川家康

後來居上的海上絲綢之路

　　隋唐以來，隨着對海洋事業的探索，海上絲綢之路迅速發展起來。

　　唐朝是中國歷史上一個非常強大的封建統一王朝，尤其是唐朝前期，在唐太宗、武則天、唐玄宗等人的英明治理下，唐朝相繼出現了貞觀之治與開元盛世，成為當時世界第一的強國。在這一時期均田制、租庸調制以及屯田制等各種農業政策的實施以及大量水利工程的興建，推動唐朝農業迅速發展，一時間國庫公府的糧倉堆積如山，百姓家家糧有富餘，唐代詩人杜甫也作詩感慨「稻米流脂粟米白，公私倉廩俱豐實」。農業的蓬勃發展促進了手工業的進步，瓷器方面，在南方地區，浙江越窯的青瓷以瓷質細膩、線條流暢、顏色素雅大方聞名全國，而在北方地區，河北邢窯的白瓷則色澤潔白如雪、溫潤如玉，同樣受到廣大民眾的熱烈追捧，從而形成「南青北白」的發展格局。經濟的繁榮自然會推動對外貿易的發展，無論是西部地區的陸上絲綢之路，還是東部沿海地區的海上絲綢之路，都在這一時期有了很大的發展，尤其是陸上絲綢之路，成為當時主要的對外貿易通道。但是安史之亂後，中國北方地區陷入割據混戰的局面，吐蕃

唐代越窯青釉圓盒

唐代邢窯白釉渣斗

趁機將勢力侵入到隴右河西地區，導致陸上絲綢之路中斷，發展進程被打破，最終逐漸走向衰落。與此同時，南方地區卻因為受戰爭影響較小，且自然條件優越，經濟發展更加迅速，因此海上絲綢之路也得以繼續發展，並逐漸超過陸上絲綢之路成為中西方物質文明交流的主要橋樑。

1998年，在印度尼西亞勿里洞島附近的海域，一些漁民捕魚時總會打撈起一些陶瓷殘片，這種現象引起德國一家專門從事文物打撈的公司的注意，於是他們專門派人進行調查與勘測，結果發現海中竟然沉着一艘唐代的阿拉伯古船，船上載滿了數以萬計的中國陶瓷以及各種精美的金銀器。不難推測這應當是一艘常年往來於中西方的商船，在一次運輸貨物的過程中不幸遭遇災難，船體連同船上所有貨物一同沉入海底。因為沉船的附近有一塊黑色的大礁石，被當地人稱為「Batu Hitam」，所以這艘船被命名為「Batu Hitam」，翻譯成中文就是「黑石」號。「黑石」號的發現，為我們揭開了一段塵封千年的唐代海上絲綢之路的傳奇歷史。

賈耽

廣州通海夷道是指唐代中國東南沿海一條通往東南亞、印度洋北部諸國、紅海沿岸、東北非和波斯灣諸國的海上航路，是中國海上絲綢之路的最早叫法。據《新唐書・地理志》記載，廣州通海夷道以廣州為起點，全長1.4萬公里，是當時世界上最長的遠洋航線，途經一百多個國家和地區。

一 唐代的廣州通海夷道

賈耽是唐代宰相也是著名地理學家。他寫了許多地理著作，其中《皇華四達記》是一本專門介紹唐朝域外地理知識的著作，他在該書中以《廣州通海夷道》為篇名，介紹了一條在當時從中國東南沿海通往東南亞、印度洋北部諸國、波斯灣沿岸以及非洲東海岸的海上航路。雖然這本書已經佚亡，但是《廣州通海夷道》這一章內容被歐陽修輯錄到《新唐書・地理志》中。根據記載可知，這條路線以廣州為出發

點，長達1.4萬公里，是當時世界上最長的遠洋航線。廣州通海夷道成為唐代海上絲綢之路繁榮的象徵。

　　唐代的造船業與航海技術的進步是海上絲綢之路發展的另一重要推力。船是發展海外貿易的必備工具，船的好壞決定船能走多遠，也決定了海上貿易的發展範圍有多大。唐代，中國的造船技術有了很大的提高，其中最值得一提的就是水密隔離技術的應用。

　　我們都知道，船隻在海上航行時特別容易遇到大風大浪，時常會面臨船艙進水的情況。為了保持船的平穩航行，必須及時將水清理出去。但是唐代以前，大多數船艙都是鐵板一塊，一旦一個地方破損，整個船艙都會迅速進水。如果清理維修不及時，船隻傾覆就在所難免，而水密隔離技術能夠最大程度地降低這種風險。具體而言，就是用木板將船艙分隔開來，這樣即便船艙某個地方破損進水，也不會影響其他地方，大幅度提高船隻的抗風險能力。此外，唐代就已經具備建造堅固大船的能力。根據相關史書記載，有一種船叫「木蘭舟」，是由木蘭花樹幹做成，船體龐大，能夠同時搭乘五六百人，同時結構堅固，抗風浪能力很強，能夠往來於中國與阿拉伯海之間，許多經商的外國人都願意搭乘這樣的中國船隻。除了造船技術的進步外，航海技術的進步也是推動海上貿易發展的一大重要因素。在沒有內燃機與發動機的時代，船的航行主要借助風力，因此學會觀察和借助風力顯得尤為重要。在唐代，人們已經觀察到，在赤道以北的西太平洋附近海域以及印度洋海域冬春時節吹東北信風，夏秋季節則是西南季風，因此當人們要從中國行駛到南亞以及阿拉伯地區時，往往選在秋冬季節，反之則選在夏秋季節。這些都對海上貿易的發展起着重要的推動作用。

　　除此之外，海上絲綢之路得以快速發展與其本身的優

勢有很大關係。與陸上絲綢之路相比，海上絲綢之路的風險
性更低。陸上絲綢之路的自然條件極其惡劣，不僅有一望無
際、人跡罕至的戈壁荒漠，還有斜插入雲、陡峭險峻的雪
山，豺狼虎豹更是多不勝數。此外，沿途還時常會有匪盜打
劫，甚至謀財害命。玄奘就曾在西行求法的途中遭遇盜賊打
劫，所幸這些劫匪只為謀財不為害命，他才得以保全性命，
平安到達天竺。因此陸上絲綢之路充滿兇險，一不小心就有
可能成為一條不歸路。而海上絲綢之路雖然也面臨狂風暴
雨、海盜猖獗的風險，但是沿途有許多島嶼可以構築物資
補給站，一旦形成固定航線，可以規避許多風險；從政治
上看，西域地區小國林立，政治形勢複雜，唐初在唐朝強大
的武力震懾下，西域各國基本上相安無事，但是安史之亂以
後，西域動盪，小國紛爭不斷，絲綢之路上不僅關卡重重而
且危機四伏，而海上絲綢之路的各個國家之間距離較遠，矛
盾較小且民風淳樸，政治環境相對穩定；從商業角度來看，
陸上絲綢之路只能用人力或畜力來搬運，運輸量小，破損率
高，尤其是瓷器這種不易攜帶的易碎物品幾乎很難完整無缺
地運到中亞、西亞地區，但是在海上絲綢之路中，使用的載
貨工具是船隻，船隻的運貨能力很大，不僅可以存放大量的
貨物在船艙，而且能夠減少搬動次數以降低破損率，有利於
貨物保存。同時與陸上絲綢之路相比，海上絲綢之路可輻射
的貿易範圍極大，東邊可以到達日本，西邊輻射到阿拉伯半
島、非洲以及地中海沿岸。海上絲綢之路的優勢如此明顯，
因此才能夠在唐代以後迅速發展起來。

在以上因素的共同作用下，唐代的海上絲綢之路發展非
常迅速，像廣州、泉州、明州這樣的近海港口城市，每天都
是人來人往，碼頭上來往貨船首尾相連，船艙裏各種奇珍異
寶更是數不勝數。鑒於廣州地區的海外貿易數額非常龐大，

唐朝政府專門在廣州設立了市舶使的職位,由政府指派官員擔任,專門負責管理對外貿易的一切事務。

二　繁盛的宋元時期海路

　　有人說有海的地方就有中國人,有中國人的地方就有「媽祖」。「媽祖」又稱天上聖母、天后娘娘,是中國民間人氣最高的海神。每年到了媽祖的誕辰,世界各地的信徒都會舉行隆重的祭祀儀式,向媽祖祈福,希望媽祖保佑自己與家人平安順遂。與中國其他的民間信仰不同,「媽祖」不是源於神話傳說,而是有着真實的歷史原型。一般認為,媽祖的歷史原型是北宋時期的林默。林默是出生在福建莆田湄洲島一個小漁村的普通漁家女,但是她從小就天資聰穎,勤奮好問,不僅精通醫理,能夠為人看病,同時還熟悉水文天象。一片善心的她,經常為漁民出海打魚提供指導和救助。林默去世後,附近百姓堅信她已經得道升仙,能夠庇護漁民出入平安,紛紛尊奉她為海神。隨着出海人數越來越多,媽祖的故事流傳越來越廣,信仰的人也越來越多,最後連官方政府都承認了媽祖的地位。宋徽宗時,皇帝親自頒賜「順濟」廟額給媽祖,此後媽祖便成為國家祭祀的三大對象之一(另外兩個分別是黃帝和孔子)。其中宋元是朝廷褒封媽祖最多的兩個朝代。媽祖信仰的產生與發展在一定程度上反映了宋元時期海上絲綢之路的繁榮。

　　宋太祖趙匡胤在建立宋朝之初就已經意識到發展海外貿易的重要性,在「開洋裕國」的對外貿易思想下,宋代不僅進一步確立和完善市舶司制度,還相繼制定了許多鼓勵對外

媽祖

媽祖,原名林默,宋建隆元年(公元960年)農曆三月二十三日誕生於莆田湄洲島,因在海難中救助漁民,於宋太宗雍熙四年(公元987年)九月初九逝世。媽祖是以中國東南沿海地區為中心的民間信仰,是歷代船工、海員、旅客、商人和漁民共同信奉的神祇。

貿易的措施，例如允許管理外貿的官吏通過發展通商而獲得官職晉升的機會；制定一系列的外貿法規保障外商在華的合法權益等等。到了南宋時期，朝廷偏居南方一隅，財源更加短缺，海外貿易更是成了政府最大的稅款來源，對發展海外貿易的支持力度有增無減。例如南宋「饒稅」政策的實施。古代出海貿易很難確定歸期，有時候遇到極端惡劣天氣，一耽擱就是一個多月，甚至還有可能有一些人就在海外各國之間做生意，這樣的話不利於政府收稅，同時也不利於海上貿易的健康發展，於是政府推出一系列的獎懲措施：規定從出海航行證書頒發時算起，六個月之內返航的給予一定稅額優惠，出航時間在一年之內的全額納稅，出航時間超過一年，則加額徵收，這一政策極大地提高了海商出海的積極性，推動對外貿易進一步發展。

元朝建立了一個幅員遼闊的龐大帝國，這不僅打破了以往的國別障礙，還有利於各民族之間的融合與交流。在多元文化背景之下，元朝統治者同樣重視發展海路交通與海上貿易，不僅繼續推行一系列的鼓勵措施，還派遣大量使者到海外各國建立官方聯繫，有的甚至不惜使用武力。終元一代，統治者對推動海外貿易的發展，始終保持着極大的熱情。有了統治者的大力支持，海上絲綢之路在宋元時期進入全盛時代。

在大海上航行，最重要的就是要辨別方向。大海一望無際，人如一粒沙塵，在缺少固定事物做參考的情況下，迷失方向是常有的事情。宋代以前，人們主要依靠海岸線以及附近島嶼的分佈，來判斷自己所在的位置。宋代以後，指南針成為舟師辨別方向的主要工具。宋代的朱彧曾在《萍洲可談》中專門介紹過北宋時期的舟師是如何辨別方向的。首先要熟知地理，其次在晚上的時候通過觀測星辰，白天的時候

《萍洲可談》是宋代記述有關典章制度、風土民俗及海上交通貿易等的筆記體著作。作者朱彧，生卒年不詳。作者因寓居於黃州之萍洲（今湖南零陵城北），自號萍洲老圃，故以之名書。

則依靠太陽的方位來辨別方向，遇到隱晦天氣，沒有太陽和月亮的時候，就只能通過指南針來判斷了。說到指南針，也許很多人會想起司南，以為兩者沒有甚麼區別，實際上，兩者的區別很大。司南在戰國時期就已經發明出來，是由勺子形狀的天然磁石製成，勺柄能夠自動指南。然而司南需要極其平穩的環境，一旦到了海上，無風三尺浪，搖晃不止的環境使司南很難發揮出原本的測向功能，因此司南只能在陸地上使用。到了宋代，有人發現用天然磁石摩擦鋼針，鋼針能夠指示南北，這就是最初的指南針。後來，人們通過實驗，發現將指南針用燈芯草穿插起來浮在水面上，指示南北的效果是最好的，這種方法被稱為「水浮針法」。到了南宋時期，人們又發明出更為先進的水浮式磁羅盤。它是在原來指南針的基礎上，添加了由十二地支、天干八字以及八卦四字組成的方向盤，這種方向盤被分成的32個方位點，使指南針指示的方向精度進一步提升。在大海上航行，往往分毫之差就會帶來生存與死亡兩種截然不同的結果。指南針的發明與改進及其在航海上的廣泛應用對宋元時期的海路發展起着極大的推動作用。

　　有了政策支持與技術保障，宋元時期的海路呈現出一片繁榮景象，中國的瓷器、茶葉、絲綢等源源不斷地銷往國外，國外的香料、奇珍異獸等也傳入中國。根據《大德南海志》的記載，元代前期與廣州通商的海外國家和地區就有一百五十個左右。隨着與各國之間的交往越來越多，人們對這些來自不同國家不同地區的人充滿了好奇心，各種記載、介紹域外之國風土人情與地理地貌的地理著作層出不窮，例如《海外諸蕃地理圖》《諸蕃圖》《諸蕃志》《嶺外代答》《島夷志略》《真臘風土記》等都是宋元時期比較著名的地理著作。

《嶺外代答》是南宋周去非編寫的書籍。周去非（公元1134年－1189年），字直夫，浙東路永嘉（今浙江溫州）人。這本書係隨事條錄見聞，因問嶺外事者甚多，書以代答，故名。共10卷，20門，294條。

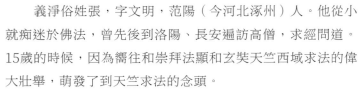

三 海上絲綢之路的親歷者：
義淨、鑒眞、圓仁

（一）義淨遠赴西洋求法

義淨

義淨俗姓張，字文明，范陽（今河北涿州）人。他從小就痴迷於佛法，曾先後到洛陽、長安遍訪高僧，求經問道。15歲的時候，因為嚮往和崇拜法顯和玄奘天竺西域求法的偉大壯舉，萌發了到天竺求法的念頭。

咸亨二年（公元671年），義淨偕同弟子善行從廣州的光孝寺出發，經由海路去往天竺。在這以前，中國的求法高僧主要是通過陸上絲綢之路前往天竺。例如玄奘和法顯，玄奘是往返都經由陸路，而法顯雖然回來的時候是走海路，但是他去的時候仍舊是走陸路。而此後的很長一段時間裏，都沒有人嘗試直接走海路到天竺取經，直到義淨出現。唐中期時，海上絲綢之路已經有了很大的發展，越來越多的外國商人經由海路來到中國東南沿海地區。此時西域地區正值動盪，衝突不斷，因此義淨選擇從海路去天竺，不僅成功率高，安全性也更有保障。但這仍舊是一條沒有人嘗試過的路，其危險性與艱辛程度不言而喻。義淨與善行乘船在海上漂流了二十多天，才到達室利佛逝（今印尼蘇門答臘）。對於不常接觸大海的人來說，坐船不僅會有驚濤駭浪帶來的恐懼，還可能會有暈船帶來的不適。善行就因為長時間的不適與水土不服，身患重病，無法繼續前行。失去同伴的義淨沒有選擇放棄，而是繼續一往無前。此後的幾年時間裏，義淨先後經過末羅瑜（今印尼占碑）、羯荼（今馬來西亞西部）等三十多個國家，最後到達天竺，他不僅參觀了雞足山、祇園精舍等佛教聖地，還在著名的佛教學術中心那爛陀寺修學

室利佛逝，宋代後改稱三佛齊，是7－14世紀存在於印尼巽他群島的一個信奉大乘佛教的海上強國，起源於蘇門答臘島東南部的巨港。在其鼎盛時期，勢力範圍包括馬來半島和巽他群島的大部分地區。室利佛逝是東南亞古代最強大的王國之一，是第一個勢力範圍及於整個馬來群島的王國。

十一年，其間他更是到各地拜訪名僧，搜集抄寫無數的佛教典籍。在這一過程中，他也曾患病，也曾遭遇過強盜打劫，甚至受盡凌辱，險象環生，但是義淨始終憑藉內心強大的信念堅持下來。義淨回想求法之路的艱辛，於是寫下一首詩：「晉宋齊梁唐代間，高僧求法離長安。去人成百歸無十，後者焉知前者難。路遠碧天唯冷結，沙河遮日力疲殫。後賢若不諳斯旨，往往將經容易看。」提醒後人不要將海上取經之路看得過於簡單，要做好不懼困難和挑戰的身體和心理準備。

　　證聖元年（公元695年），義淨返回洛陽，帶回佛教典籍四百多部，舍利三百多粒，不僅受到武則天的親自迎接，還被賜予「三藏」的稱號。義淨回國後翻譯了大量的佛經，還撰寫《南海寄歸內法傳》與《大唐西域求法高僧傳》兩部著作，為後人了解當時佛教的發展情況提供了重要資料。除了佛教上的貢獻，義淨還精通醫藥，他不僅將中醫知識介紹到印度地區，還將印度的一些先進的醫藥知識引進中國，比如他翻譯的《佛說療痔病經》將印度治療痔瘡的方法介紹到中國。

　　1983年，為了紀念這位偉大唐代高僧、旅行家和翻譯家，國務院決定將位於中國南海南沙群島北康暗沙北部的一處暗礁命名為「義淨礁」。

（二）鑒真六渡東海傳真經

　　日本奈良市有一座寺院明顯不同於日本其他寺院，不僅造型華麗，擁有唐代遺風，而且庭院中植滿來自中國的松樹、桂花、牡丹等等，這座寺院就是日本著名的唐招提寺。說起唐招提寺，就不得不提起一個人，如果沒有他，也就不會有這座寺院，這個人就是來自中國的鑒真高僧。

唐招提寺

鑒真像

　　鑒真是著名的唐代高僧，俗姓淳于，揚州人，佛法造詣極高，經常在揚州一帶開壇講授戒律。開元二十一年（公元733年），日本由於佛經不全，且沒有傳戒的僧人，佛教發展陷入困境。為了解決困境，日本元興寺的主持派兩位弟子榮睿和普照跟隨遣唐使來到大唐，邀請大唐高僧到日本傳法，他們找到了正在揚州講道的鑒真。鑒真認為日本是一個與佛法結緣的國家，於是欣然接受邀請，開始準備東渡日本。然而誰都沒有想到，這條路居然會如此艱難曲折。在接下來的十一年中，鑒真一行人接連遭遇五次失敗，直到第六次才成功東渡日本。

　　天寶二年（公元743年），鑒真率領眾弟子開始第一次東渡，這次東渡得到了唐朝政府的支持，按理說應該相當順利，然而卻因為鑒真的兩位弟子為了爭奪隨鑒真東渡的名額而產生了內鬥，失去了朝廷的財政支持，最終東渡計劃破產；八月，榮睿和普照再次懇請鑒真東渡日本，鑒真被他們兩位的真誠所打動，於是自己出錢購買船隻，招募水手準備東渡，然而這一次他們卻遭遇狂風惡浪，被迫止步於江蘇沿岸，第二次東渡宣告失敗。經過一番休整，鑒真等人調整狀

態，決定繼續東渡，然而上天似乎故意要跟他們開玩笑，在行駛到名山附近時，他們再次遭遇狂風暴雨，剛修補好的舊船再次觸礁，沉入海底，鑒真一行人在一無人小島上失去了淡水、食物等生存物資，飢渴多天後，終於得到附近漁民的救助脫險，但是與此同時，這次行動也引起了唐朝政府的注意，為往後的行動增加了許多難度。天寶三年（公元744年），鑒真暗地籌集經費，並且決定從官府意想不到的福州出發，然而在到達福州之前，其弟子靈佑因不忍師父冒着生命危險遠渡重洋，竟然聯合政府將其中途攔下，至此第四次東渡也未能成行。天寶七年（公元748年），鑒真再次接受榮睿以及普照的邀請，從揚州開始東渡日本。然而這一次他們非常不幸，再次遭遇極端天氣，船隻在海上如同無根浮萍般任意漂蕩，在長達十四天的漂流之後，船竟然漂到了鮮花盛開、百果飄香的海南島，這與他們原本目的地的方向完全相反。更加不幸的是，在返回揚州的途中，他的許多弟子先後亡故，就連他自己都因為中了暑毒而雙目失明。天寶十二年（公元753年），雙目失明的鑒真已經60多歲了，但是在接到日本使者的邀請後，他為了弘揚佛法，再一次義無反顧地踏上東渡之路。有了更加周密的計劃之後，第六次東渡終於取得成功。

　　鑒真受盡磨難，飽經艱辛，終於抵達日本。他這種百折不撓的精神與頑強不屈的毅力令所有人敬佩。他受到了日本天皇以及民眾的熱烈歡迎。在這裏，他不僅傳律授戒，還把中國大量的先進文化與科學技術介紹到日本，唐招提寺便是在鑒真的指導下建造的。

（三）圓仁入唐求法巡禮

　　圓仁，日本佛教天台宗的創始人，俗姓壬生，幼年時

圓仁

喪父，後來皈依佛門，師從日本著名的廣智高僧。圓仁15歲時，在廣智高僧的引薦下，開始跟隨被譽為日本天台宗始祖的最澄法師學習密教。他天資聰穎又勤奮好學，20歲的時候就通過了官試，取得了天台宗佛學研究的高級學位。最澄法師圓寂後，圓仁便承擔起教師的職責，開壇弘法，在入唐之前，他已經是日本有名的高僧。由於日本的天台宗主要是從中國引入，但是由於缺少經卷以及高僧傳法，日本的天台宗還有許多教義混亂無解，為了解決心中疑惑，圓仁決定入唐求法。

開成三年（公元838年），圓仁攜弟子跟隨日本遣唐使團，以「請益僧」的身份入唐求法。其實在此之前，圓仁已經有過兩次渡海的經歷，一次是開成元年（公元836年），還有一次是開成二年（公元837年），兩次都因為「私渡」被捕，到了第三次，圓仁終於取得官方通行證，名正言順地來到中國。公元838年6月，圓仁所在的船隊在經歷十九天的風浪顛簸、九死一生後，終於平安抵達揚州。此後，圓仁便在中國開始了漫長的遊學過程。圓仁在中國待了近十年，其間他遍訪中國各地名僧，足跡遍佈山西、陝西、河南、河北、山東、江蘇以及安徽等地。中國佛教在李世民、武則天等統治者的支持下，發展越發興盛，到了唐中期，僧尼數量的不斷增加以及寺院經濟的快速擴張，已經嚴重影響到國家的財政收入，這種現象引起了統治者的重視。崇信道教而厭惡佛教的唐武宗即位以後，很快便在宰相李德裕的支持下推行一系列「毀佛」政策。在這些政策的影響下，圓仁也被迫離開中國，返回日本。

圓仁歸國後，帶回大量的佛教經書、佛像、法器等等，受到日本天皇的信任與重視，在天皇的支持下，在比叡山建立主持院，弘揚大乘戒律，推動日本天台宗的進一步發展。

天台宗是中國佛教宗派，又稱法華宗。天台宗始於河南淨居寺，盛於浙江天台山，其教義主要依據《妙法蓮華經》，故又稱法華宗。天台宗是中國佛教最早創立的一個宗派，並於9世紀初被日本僧人最澄傳到日本。

此外，他還根據自己的經歷，用漢文撰寫成一部日記體的著作《入唐求法巡禮行記》。在這本書中，他記錄了自己在中國九年多時間裏的所見所聞，涵蓋內容極廣，除了與佛教教義相關的內容之外，還涉及大量社會民生的內容，成為研究唐朝中晚期社會形態的重要史料之一。同時這部著作在日本也影響非常大，地位非常高，日本人將其與玄奘的《大唐西域記》以及馬可·孛羅的《東方見聞錄》並稱為世界文化交流的三大遊記。公元864年，71歲高齡的圓仁坐化比叡山，清和天皇賜謚「慈覺大師」。

四 元代航海家汪大淵

　　在南昌青雲譜，有一個佔地面積約2000平方米的大型廣場。廣場的中間有一個佔地面積約225平方米，高約12米的巨大雕塑。雕塑中的古人，身披長袍，手握書卷站在迎風破浪的月亮船上遙望遠方。這個廣場和雕塑是為了紀念中國航海史上的一位偉大人物，這個人物就是被譽為「東方馬可·孛羅」的汪大淵。

　　在中國提起鄭和，幾乎是無人不知，無人不曉，然而提起汪大淵，卻很少有人知道，即便是在他的家鄉南昌，許多人對這個名字也是一頭霧水。史書上也幾乎沒有關於他本人的任何記載，如果不是《四庫全書》收錄了他的著作《島夷志略》，我們也許根本就不會知道元代曾有這樣一個人存在。事實上，汪大淵在中國航海史上的功績值得我們去銘記，他不僅兩次遠洋，行蹤遍佈東南亞、西亞、非洲東海岸甚至地中海沿岸地區，比鄭和下西洋早了69年，還將沿途所

汪大淵

見所聞記錄下來，撰成《島夷志略》。今天就讓我們好好地來了解一下這位偉大的民間航海家。

汪大淵，字煥章，出生於江西南昌。雖然南昌在古代屬於比較偏僻的地方，但是當地的人文氣息卻一直非常濃厚。傳說春秋戰國時，孔子的弟子澹台滅明（複姓澹台，名滅明）曾經南下到江西，在南昌聚集三百弟子開壇講學，推動江西地區的儒學發展。此後江西一直是文化氛圍濃郁的知禮之鄉，出了不少先賢名士，如王安石、黃庭堅、晏殊、晏幾道（晏殊之子）等等。到了元代，南昌一帶的百姓依舊非常重視學問。汪大淵的父母也不例外，他們給汪大淵取字為「煥章」，取自《論語·泰伯》中「煥乎其有文章」，希望他以後能夠發奮讀書，擅長寫文章，早日考取功名。然而從小在水邊長大的汪大淵對科舉似乎並不熱心，反而對一望無際的蔚藍海洋充滿了無限的幻想，他渴望有一天能夠馳騁大海，奔向更遠的遠方。根據史書記載，南昌在唐代時就已經成為重要的造船基地，到了元朝，南昌地區的造船業更加發達，所以汪大淵從小就有機會接觸到許多有關造船以及航行方面的知識。後來汪大淵有機會來到了泉州，在這裏，他終於有機會實現自己心中的夢想。元代的泉州被譽為世界第一大港，汪大淵第一次來到這裏，就被眼前的景象所震撼：碼頭上，每天都是人頭攢動，成千上萬來自世界各地的富商巨賈齊聚於此，操着不同語言，生着不同膚色，相互交往貿易。港內帆檣林立，舳艫相接，裝滿奇珍異寶的貨物源源不斷地從船艙運出，港外船舶如甲蟲般星星點點，駛向不同方向。商人以及水手之間談論各種奇聞逸事與異域風情是那樣的生動有趣，牢牢地吸引着汪大淵。在極大好奇心的驅使下，他終於下定決心，要親自去看看他從未見過的絢爛多彩的新世界。

王安石

黃庭堅

晏殊

　　至順元年（公元1330年），20歲的汪大淵跟隨當時的著名商隊從泉州出發，開始了漫長的海上航行。「世界這麼大，我想去看看」，這是現代很多年輕人的想法，然而很少有人能夠真正拋下一切，說走就走，但是汪大淵不僅做到了，而且一走就是五年。即便是在今天這樣的科學技術條件下，想要從泉州出發，穿過西太平洋、印度洋抵達波斯灣地區以及非洲東海岸，都是一件非常不容易的事，更何況是在沒有發動機、沒有定位儀的元代。可以想像當時的汪大淵幾乎是抱着必死的準備，走向一望無際的海洋的，但是他在書中並沒有過多描繪旅途的艱辛，而是記述了許多有趣的奇聞逸事與風土人情。根據《島夷志略》的記載，汪大淵到達的範圍極廣，他曾先後到達占城、馬六甲、蘇門答臘、緬甸、印度、波斯以及埃及等諸多地區，他甚至還曾橫渡地中海，到達非洲西北部的摩洛哥附近，然後又出紅海到索馬里，向南到莫桑比克，最後向東行駛，再次橫渡印度洋返回中國。至元三年（公元1337年），汪大淵再次從泉州出發，開始他的第二次遠航之旅。在這次航海中，他到達了更多以前從未去過的地方，其中就有澳洲。他在《島夷志略》中生動翔實地記錄了當時澳洲的風土人情與自然風光。根據他的記載，當時的澳洲北部某地四周都是海，這與今天澳大利亞達爾文港東部的大沼澤地情況大致吻合，這說明他的記錄比較真實。此外他還記錄了澳洲當時的一些風土人情，當時的澳洲還比較落後，本地的土著還不會織衣，只能以鳥的羽毛遮蔽身體，不會生火，過着茹毛飲血的日子等等。他的這些記錄應該是關於澳洲的最早文獻記錄，是研究澳大利亞早期歷史的重要文獻之一。

　　至正九年（公元1349年），汪大淵回到泉州，恰逢吳鑒奉命修《清源續志》（清源是泉州的舊郡名）。由於泉州

有學者對《島夷志略》中地名出現密度和當地見聞符合度進行過考釋，認為汪大淵沒到過爪哇以西地區，持汪大淵發現澳大利亞說的學者並無確定性證據。

是市舶司的所在地，聚集着大量的外國人，因此對各國風土人情的記載顯得尤為重要。吳鑒考慮到汪大淵兩次遠洋，對各國的風土人情以及地理地貌有切身的體會，於是便邀請他來撰寫《島夷志》，附在《清源續志》後面。汪大淵很快便接受邀請，開始編寫《島夷志》。受過良好教育的他，不願意在自己的書中杜撰出一個虛擬的世界以博眼球，而是秉承嚴格的寫作態度，記錄自己親身經歷或者親耳所聞的事情，而對那些無法證明的傳說統統不予記載，因而《島夷志》具有極高的史料價值，對後世研究有很大的意義。今天我們所見到的《島夷志略》是《島夷志》的節略版，原本已經佚亡，但是節略版依舊保存了二百多個國家的豐富史料，可以想像原本內容有多麼豐富。汪大淵的經歷以及著作《島夷志略》給後來的航海家帶來很多積極的影響。例如汪大淵的航海經歷為後來鄭和下西洋積累了寶貴的經驗。兩次隨鄭和出海的馬歡更是在汪大淵的啟發下，寫下《瀛涯勝覽》一書，來記錄當時的航海盛況以及沿途各地的風土人情，為後人留下一筆寶貴的財富。直到今天，汪大淵不懼挑戰、不畏風險的開拓進取精神依然激勵着一代又一代的中國人在航海道路上越走越遠，尤其是在習近平總書記號召復興「海上絲綢之路」的時代背景下，汪大淵的精神更加值得我們學習和敬仰。

《瀛涯勝覽》是明代馬歡所著的海外見聞錄，是鄭和下西洋現存三部基本文獻（《瀛涯勝覽》《星槎勝覽》《西洋番國志》）之一。《瀛涯勝覽》出自親歷過鄭和下西洋的通事（即翻譯）馬歡之手，更具原始資料性質，彌足珍貴，在三部書中史料價值最高，是研究鄭和下西洋不可或缺的參考文獻。

第五章

歷史洪流中的海上絲綢之路

一 元明清時期的海禁

　　海禁，是幾乎貫穿中國整個封建社會後半期的一項對外政策。所謂海禁，一方面是禁止民間任何人私自出海進行貿易，另一方面，官方與海外的交往也被限制在嚴格的範圍之內。從元朝實行海禁之始，不同歷史時期的海禁有着不同的內涵。

（一）元朝的海禁

　　1234年，蒙古和南宋合力滅金之後，雙方以東至淮水、西至大散關為界，南北各自為政。可稱帝後的元世祖並不滿足於當時的統治區域，在滅亡南宋之後，還派兵向海外出征企圖擴大統治區域。當時的南海諸國中，屬爪哇國實力最為強大，元世祖認為，只要控制爪哇，其餘南海小國均可歸附元朝。然而攻打爪哇的戰役並不像想像中那樣順利。元朝鐵騎雖然在草原上所向披靡，但在跨海戰役中卻屢屢受挫，戰爭打了一年多，最後還是以失敗告終。在戰爭期間，元世祖為了防止有人通過海洋向南海諸國運送武器軍械和偷遞情報，下令海禁，不允許沿海居民、商隊私自出海，這是中國封建王朝海禁的起源。然而這次海禁隨着海外戰爭的失敗最後不了了之。其後元朝雖然斷斷續續進行了四次海禁，但都無疾而終。

　　究其根源，一方面，海外貿易帶回的海外奢侈品能夠滿足元代統治者奢華糜爛的生活需求；另一方面，海外貿易帶來的巨大收益可以彌補元朝政府連年的財政虧空。元朝的建立者是來自北方草原的遊牧民族，他們的日常物資除了在草原上牧養的牲畜之外，其餘大多是南下入侵中原王朝或從

元爪戰爭，全稱元朝爪哇戰爭，指至元二十九年（公元1292年），元世祖忽必烈派遣一千艘戰艦組成的海軍入侵爪哇島的戰爭。元朝海軍從福建行省泉州渡海，登陸爪哇島，聯合滿者伯夷國王克塔拉亞薩，攻打信訶沙里國叛將賈亞卡特望，滅信訶沙里國。滿者伯夷國王克塔拉亞薩隨後反戈，打退元軍，統一爪哇。

周邊小國擄掠而來，遠不如中原地區富庶。入主中原之後，元朝統治者對物質生活的享受要求達到了空前的程度，因此海外貿易帶來的奇珍異寶是元朝統治階級所不忍捨棄的。其次，元朝在很長時間內採用的是「官本船」制度。所謂「官本船」就是由政府出錢造船，委托商人經營的官本商辦海外貿易模式，事成之後政府分得獲利的七成，這樣豐厚的利潤極大地彌補了元朝國庫的虧空。由於海外貿易獲利頗豐，元朝政府不時頒佈禁令，禁止私商下海，妄圖壟斷海外貿易。但元朝的海禁時禁時廢，海禁令頒佈之後，每次都只維持了很短一段時間。

（二）明朝的海禁

明朝建立之初，基本沿襲前朝的朝貢貿易體系，民間的私人貿易只佔海外貿易的很小一部分。在朝貢貿易中，外國使臣攜禮物面見中國皇帝，而中國除了負擔使臣在華的一切吃穿生活用度之外，在他們回國之時，明朝政府往往還會贈送價值是其所帶禮物數倍甚至數十倍的「回禮」，朝貢貿易以「厚往薄來，備嘗其價」為主要特徵，為的不是盈利，而是顯示明朝天朝上國的雄風，顯示自己胸襟的博大。長此以往，明朝政府不堪重負。但由於中國長期以來重農抑商的基本國策，私人海外貿易遭到很大限制，並不能給明朝帶來可觀的利潤。正在此時，與中國相隔不遠的日本進入分裂時期，國內封建諸侯征戰不斷，很多日本武士在國內無法生存，流亡到了海外，在中國和日本之間的海上形成大規模的海盜組織，他們搶劫來往貨船，甚至侵襲明朝沿海居住的居民，形成了中國歷史上所説的「**倭寇**」。再加上洪武十三年（公元1380年）的胡惟庸案時，有胡惟庸勾結海外勢力企圖推翻明朝的政權的傳言，明太祖對此深惡痛絕，於是下令採

倭寇是指13世紀到16世紀，侵略朝鮮、中國沿海各地的日本海盜集團。除沿海劫掠外，倭寇主要從事中日走私貿易。因中國古籍稱日本為倭國，故稱倭寇。

取嚴格的海禁政策，規定沿海居民「片板不得下海」，甚至在洪武十九年（公元1386年）下令將沿海居住的居民遷往內陸居住。

這樣嚴格且盲目的海禁政策，雖然在一定程度上確實起到了維護沿海治安的作用，但是世代靠海而生的沿海民眾用來維持生計的漁業生產和海外貿易被禁止，導致人民無以為生，所以經常聯合起來反抗朝廷。為了生存，很多人鋌而走險，選擇以走私來獲取養家的錢糧。到嘉靖年間，這些人甚至發展成沿海有組織的走私集團。這些走私集團在朝廷出兵鎮壓時，聯合海外的倭寇勢力進行反抗，一時間成了明朝的心腹大患。

1567年，明穆宗面對沿海的種種問題，採取了與前朝不同的政治舉措 —— 解除海禁。雖然海禁政策只是在部分口岸解除，但這樣一來，原本非法的私人貿易還是獲得了合法地位，再加上海外貿易帶來的豐厚利潤，明朝的海上貿易迅速發展起來。由於明穆宗年號隆慶，這一歷史事件因此被稱為「隆慶開關」。開關之後，雖然在貿易方面仍有諸多限制，但貿易地位的合法化還是使得沿海貿易進入了一個快速發展的時期，中國的瓷器、茶葉、絲綢被運往海外，受到了海外各國的歡迎，海外大量的商品需求帶動着國內的紡織業、種植業、造船業迅速發展，同時進出口貿易帶來的豐厚利潤給明朝帶來了不菲的財政收入。明穆宗僅在位六年，就給明朝帶來了巨額的經濟收益，流入明朝的白銀數目達到了驚人的程度。

明穆宗

隆慶開關指明朝隆慶元年（公元1567年），明穆宗宣佈解除海禁，調整海外貿易政策，允許民間私人遠販東西二洋。從此民間私人海外貿易獲得了合法地位，東南沿海各地的民間海外貿易進入了一個新時期，明朝出現了全面開放的局面。

（三）清朝的海禁

1644年清軍入關，崇禎皇帝在煤山（今北京景山）自縊，明朝滅亡。但清朝政權建立之後，各地反清勢力不

斷，以東南沿海鄭成功領導的鄭家軍最為突出。鄭成功在明朝滅亡以後退居到了廈門一帶，組織兵力堅決地進行抗清鬥爭，由於鄭成功的軍隊紀律嚴明、訓練規範、戰鬥力很強，一時間成了清朝的心腹大患，因此，為了抵禦海上鄭氏的反抗勢力，清政府也開始實施海禁政策。1661年，清政府頒佈「內遷令」，強制沿海居民內遷30至50里。同明朝的內遷一樣，沿海居民流離失所，不得已便私自出海，靠走私或搶劫過往商船為生。

鄭成功

　　直到康熙帝親政，鄭成功年事已高，選擇退居台灣，康熙帝才解除海禁，准許沿海漁民返回故里，出海捕魚。在康熙帝解除海禁的三十餘年間，沿海貿易經歷了一個短暫的發展時期。但是好景不長，由於每年出海進行貿易的多達千人，可是這些人大部分出去之後便不願再回來，清政府開始擔心這麼多人在海外，萬一同國外的敵對勢力聯合起來，豈不是威脅到了大清的統治？康熙皇帝心裏擔憂不已，於是禁止南洋貿易，只留東洋和西洋。

　　18世紀中葉，西方很多國家都在經歷工業革命，急需原料供應以及產品市場。此時在乾隆皇帝統治下的中國，沿海只有四個港口可供通商，且來往的貨物還受到極大的限制，在洋人聚集的地方常常發生與華人的衝突。恰逢乾隆皇帝去蘇州出巡，當他見到蘇州港口熙熙攘攘的外國商船往來不絕，且船上都攜帶武器時，不禁聯想到前不久發生在爪哇國的「紅溪慘案」，在爪哇島上的荷蘭人大肆殺害當地的華僑，再想起葡萄牙人強佔澳門時所使用的手段，乾隆心中開始惴惴不安起來，他擔心自己的國土會被這幫打着經商幌子的外國人一點點蠶食掉。於是回京沒多久，乾隆就頒佈了聖旨，從今往後，洋人與中國的貿易全部交由「廣州十三行」進行辦理，不得與除十三行外的任何人有經濟貿易往來，除

紅溪慘案是指1740年10月，荷屬東印度（今印尼）殖民當局在爪哇的巴達維亞（今雅加達）大規模屠殺華人的事件。因肇事地點之一是城西一條名為紅溪的河，故稱紅溪慘案。

此之外，外國人在中國的逗留時間、貿易中的貨品種類都被一一限制。自此，全面防範外國人的閉關鎖國政策開始實施。

這些政策的實施，使中國錯過了工業革命浪潮，錯過了海外市場的擴展和資本的原始積累，錯過了主動學習西方先進科學技術的機會。與世隔絕的清朝兀自做着「天朝上國」的美夢，直到英國用堅船利炮打開封鎖多年的古老中國大門時，我們才發現：幾百年的海禁帶給中國的不是想像中的安穩和太平，而是落後和任人宰割的命運。可是，封閉了數百年的我們又該如何重新掌握自己的命運呢？

二 鄭和下西洋

1402年6月13日，燕王朱棣率大軍進入都城金陵（今江蘇南京），歷時四年的靖難之役終於進入尾聲，隨着攻城軍士們的吶喊和戰馬的嘶鳴，想要生擒建文帝朱允炆好立得頭功的士兵們突然發現：皇宮着火了！待到大火撲滅，皇帝早已不見蹤影，隨之失蹤的還有象徵着皇權正統的玉璽。一向運籌帷幄、志在必得的燕王朱棣此刻有些慌神，但眼見建文帝大勢已去，朱棣還是於六月十七日登基稱帝，是為明成祖。

明朝由明太祖朱元璋建立。建國之初，多年的戰亂使得國內民生凋敝，全國上下一片破敗的景象，明太祖汲取了前朝的種種教訓，勵精圖治，採取一系列有利於恢復社會經濟的措施。經過數年的發展，生產力得到了很大的發展，人民生活富足，安居樂業，全國各地一片繁榮景象。在對待周邊

靖難之役是建文元年（公元1399年）到建文四年（公元1402年），明朝統治階級內部爭奪帝位的戰爭。戰爭歷時四年，戰亂中建文帝下落不明。1402年，朱棣即位，是為明成祖。

各國的關係上，明太祖採取了較為開明的和平外交政策。明成祖朱棣即位以後，比朱元璋更加重視同海外各國的友好關係。中國東南沿海周邊，不少島嶼國家星羅棋佈，為了和這些國家搞好關係，同時宣揚明朝「天朝上國」的國威，明成祖經過反覆考察，選定跟隨自己征戰多年的心腹宦官鄭和帶領使團乘船南下，聯絡海外各國，建立友好關係，同時暗中查訪建文帝朱允炆的下落。

（一）鄭和首次下西洋

1405年6月，鄭和奉命帶領使團出發，開始了第一次去往西洋的長途海上跋涉。鄭和這次所率領的使團多達28000人，乘坐200多艘船南下。根據記載，這些航船中最大的一艘長148米，寬60米，上下四層，總面積相當於三四個足球

鄭和像

鄭和寶船復原模型

場的大小。這艘寶船總共有八層，每層都是不同的功能分區，最底層用來放置砂石，以增加船體自身重量，使船在水中的行駛更加平穩。再往上兩三層是貨艙，用來裝載貨物，儲藏航行過程中所需要的糧食；第四層是頂到甲板的一層，沿船舷兩側設置有二十多個炮位，在海上如果遇到海盜即可以作戰，此外，還有士兵和下級官員居住的地方，再上面就是甲板了；甲板上被分為前後兩個區域，船頭的一部分是船上108名水手生活的地方，船尾的區域是一個四層的舵樓，一樓是舵工的操作間以及全船的醫務室，二樓是鄭和以及一些高級官員的起居室，三樓是供奉媽祖諸神的神堂，最上面一層則是用來進行指揮、氣象觀測、信號聯絡的場地。而這樣一艘體積龐大、功能齊全的航船，只是鄭和船隊中近百艘船之一。除此之外，還有專門的兵船負責保護使團安危，補給船進行物資補給，指揮船對船隊進行指揮規劃。

　　就這樣，這支數量龐大、人員眾多的船隊裝載着明朝生產的絲綢、瓷器，以及各種各樣的奇珍異寶從蘇州太倉劉

家港出發，經福建海域沿途南下，當他們到達這次西下的第一個國家 —— 麻喏巴歇國（今印度尼西亞爪哇島）時，卻遇上爪哇內戰，東王和西王為爭奪統治權大打出手，最終西王取得了勝利，佔領了東王領地。鄭和率領船隊本無意插手別國內戰，但不料數量龐大的使團上岸買賣商品時，被西王誤認為是東王的援兵，於是不分青紅皂白將使團團團圍住，殺害了170名使團人員。同胞被殺，使團的其他成員義憤填膺，紛紛請戰要為死者報仇。此時才明白真相的西王追悔莫及、又急又怕，他派人前來道歉，顫顫巍巍地表示：要向明朝賠償六萬兩黃金，以求得到明朝政府的寬恕。鄭和思量再三，向明成祖上奏請示，他認為此次出行的目的是宣揚明朝國威、與海外各國建立起良好的關係，如果第一站就大開殺戒，勢必對以後的行程有重大影響。且爪哇西王也是誤傷，現在道歉態度極好，明朝作為大國，不必為此事大動干戈。明成祖收信之後深以為然，就接受了西王的道歉。西王得知後很是感動，鄭和使團的仁德美名也因此傳開了。隨後鄭和到達其他國家的時候，都受到了十分熱情的接待。在鄭和完成出行返航的途中，這些國家又紛紛派出使節，攜帶禮品隨着鄭和的船隊回到南京，向明成祖進獻以表謝意。明成祖見狀十分高興，對這次出使的人員大加賞賜，鄭和的第一次出行取得了圓滿的成功。

（二）送歸使者以及和錫蘭的惡戰

由於第一次返程回京時多國使者隨行前往，1407年九月，鄭和二下西洋，目的就是為了送這些使者回國，同時又順路訪問了今天的文萊、泰國、柬埔寨、斯里蘭卡等國。

1409年，鄭和第三次下西洋途中，同錫蘭（今斯里蘭

卡）發生了一場驚心動魄的戰役。鄭和率領船隊經過錫蘭時，錫蘭當時的國王亞烈苦奈兒見明朝船隊人數眾多、船隊龐大，擔心其對本國不利，於是便起了殺心。但鄭和察覺到了他的不軌圖謀，及時率船隊離開了錫蘭。然而返程時，亞烈苦奈兒見到船上裝載着大批金銀珠寶、香料奇珍，又起了貪念，想要將這些佔為己有，於是他假意挽留，卻祕密派出五萬人的軍隊企圖將鄭和一行人圍剿。鄭和臨危不亂，抓住時機，帶兵攻進對方王城。由於錫蘭軍隊傾巢而出，所以城中十分空虛，鄭和俘獲了城中的王公大臣以及國王的親屬。等到錫蘭軍隊得到消息急忙趕回來的時候，被鄭和事先埋伏的軍隊殺得片甲不留。錫蘭王亞烈苦奈兒也被俘虜，隨船帶回了中國。

鄭和作為使臣，在與各國的交往中表現出了超凡的智慧以及卓越的領導才能，數次帶領使團以少勝多擊退敵人，使使團轉危為安。同時與東南亞和南亞諸國建立起了良好的關係，保持了長久的友好貿易和交往關係。

（三）來自東非的禮物

經歷了前三次南下西洋，鄭和帶領的船隊積累了大量航海經驗，1412年11月，明成祖命鄭和再次率眾出行，但在到達蘇門答臘的時候，正好遇到蘇門答臘國內兩軍混戰，鄭和根據朝廷的意向，支持該國的王子做了國王，後生擒叛賊蘇干剌。鄭和將蘇干剌帶回國之後，明成祖擔心他再起禍亂，於是下令將蘇干剌處決。經過了前三次航海的經驗積累，此次鄭和的船隊在原來的航路上更進了一步，到達了非洲東海岸，當時非洲東海岸有一個國家名叫麻林迪，也就是現在的肯雅，他們見到來自東方的船隊十分開心，在鄭和船隊回國之後進獻了一隻「神獸」。明朝上至皇帝，下至文武

瑞應麒麟頌

百官，見了這隻「神獸」之後都嘖嘖稱讚，這「神獸」有像龍一樣的頭，身上的紋路好似神龜的殼，像牛一樣的尾巴，像麋鹿一樣的身體，這模樣，儼然就是上古神獸麒麟啊！明成祖大喜過望，命宮廷畫師為這隻「麒麟」畫了一幅畫像，並將其奉為至寶。時至今日，我們從台北故宮博物院中看到這幅畫的時候才發現：這隻「麒麟」不就是非洲特有的長頸鹿嘛！

（四）通過航行建立起同亞非各國的友好關係

鄭和每次出行攜帶的中國的絲綢、瓷器、銅鐵用品、漆器、特產果品等商品在海外市場極受歡迎，鄭和將這些商品帶至國外，往往剛剛到達就被當地人搶購一空，返程時他又將沿途各國的香料、寶石、珍珠等奇珍異寶帶回國內，或供皇族和宗親貴冑享用，或直接當作官吏的俸祿。這樣的友好交往促進了當時中國同東亞、東南亞、非洲各國的和平往來，鄭和第六次下西洋回來以後，遣使進京對明成祖進行朝拜的國家達到了十六個。

這種繁榮的局面一直維持到1424年明成祖去世。明成祖去世以後，明仁宗朱高熾即位，隨後採取了保守的外交策略，遠洋航行一度停止。直到1430年，明仁宗才派年近60的鄭和第七次出海。鄭和船隊的第七次遠航到達了今天非洲南端的莫桑比克海峽附近，但鄭和本人卻在返程途中不幸染病去世。

時至今日，遠在非洲的索馬里還有以鄭和的名字命名的村莊，印度尼西亞的爪哇島亦有三寶井、三寶港、三寶洞（鄭和小名「三寶」）的地名，沿海諸國的人們都在以自己的方式紀念鄭和這位偉大的航海家，紀念他曾為沿途人民帶來近百年的和平與富庶。

鄭和墓

三 「銀本位」和「馬尼拉大帆船」

（一）甚麼是「銀本位」

　　馬克思曾經説過：「金銀天然不是貨幣，但貨幣天然是金銀。」這句經典名言，清晰地論述了具有自然屬性的金銀和具有價值的貨幣之間的關係。唐宋以來，隨着社會經濟的發展，金銀的地位逐步提高。到了元朝時，白銀與寶鈔並行流通，成為合法貨幣。

　　明朝建國伊始，社會上的銅錢、白銀和元鈔可以並行流通。至洪武八年（公元1375年）明廷發行大明寶鈔，並頒佈金銀禁令：「禁民間不得以金銀物貨交易，違者治其罪」，使得白銀由合法貨幣變為非法貨幣。之後洪武二十七年（公元1394年）又頒佈銅錢禁令。至此，**大明寶鈔**成為明初國家的唯一合法貨幣。但是，由於明朝政府沒有建立起準備金制度以穩定幣值，加上其為增加財政收入，無限制濫發寶鈔，

大明寶鈔

實行單向兌換政策以及偽鈔大量流行等問題，大明寶鈔自洪武後期開始大量貶值，最終退出了流通市場。

隨着社會的發展和商品經濟的繁榮，白銀再度成為合法貨幣，並開始在貨幣體系中佔據主要地位。正統元年（公元1436年）東南各省實行賦稅改革，出現了將部分地區的田賦折為銀兩的「金花銀」，之後周忱將稅糧折銀制度大力推行，為此後賦稅折銀在東南省份進一步推行，以及在北方省份的實行奠定了基礎。嘉靖之後，特別是隆慶元年（公元1567年）政府頒佈了「凡買賣貨物，值銀一錢以上者，銀錢兼使」的法令，首次以法律形式肯定了白銀的合法貨幣地位，隨之進入白銀為主幣、銅錢為輔幣的貨幣結構。萬曆九年（公元1581年）首輔張居正主持財政與賦役改革，在全國範圍內推行「一條鞭法」，即賦役合一，按畝計稅，用銀交納，這標誌着明代的賦役制度已由實物稅階段轉入貨幣稅階段。隨着「一條鞭法」在全國的推廣，明代正式確立了以白銀為主導的貨幣體系，而這種銀本位又進一步擴大了白銀貨幣的使用範圍。

為了補充貨幣供給的不足，中國需要更多的白銀；而為了購買亞洲的物品，歐洲人必須輸出白銀。中國與歐洲的需要催生出對白銀的需求，從而促使日本和拉美成為白銀的兩大供應地。通過馬尼拉大帆船以及葡萄牙、荷蘭等國開闢的商貿航線，白銀從拉美和日本源源不斷地直接或輾轉地流向中國。

銀本位制度的建立給明代中國帶來了重大影響。一方面，白銀的巨量流入大大刺激了明代經濟和人口的增長，工商業得到發展，商人階層的地位逐漸上升。白銀貨幣化對晚明國家社會變革起到了積極作用，明代銀本位制度的確立也為世界市場的形成奠定了堅實的基礎。另一方面，傳統儒家

張居正（1525年－1582年），字叔大，號太嶽，生於湖北江陵，故稱「張江陵」，明朝政治家、改革家。隆慶六年（公元1572年）代高拱為內閣首輔。張居正任內閣首輔十年，實行一系列改革措施，史稱「張居正改革」。

知識分子也看到了白銀所帶來的禮崩樂壞的末世景象。白銀刺激了無休無止的消費慾，上層社會迅速腐化墮落，民間的驕奢淫逸之風愈演愈烈，海外貿易屢禁不止，造成了不小的社會問題。

（二）「馬尼拉大帆船」

16世紀雄霸海洋的西班牙帝國，曾經通過墨西哥和菲律賓之間的馬尼拉大帆船，運輸拉美的白銀和來自中國的物產。這條橫跨太平洋的商路，深遠地影響了東西方人們的生活。

自古以來，東西方之間的貿易交流主要通過陸上絲綢之路進行。然而15世紀鄂圖曼土耳其帝國的崛起使原有的陸地貿易路線受阻。為了尋找歐洲人夢寐以求的香料與黃金，哥倫布開闢了海上新航線，他向西航行以期到達印度，卻意外地發現了美洲新大陸，於是西班牙殖民者開始了對美洲的征服和殖民統治。1519年－1521年，科爾特斯通過周密的軍事部署，狡猾的外交手腕以及「以夷制夷」和「分而治之」的策略，組織了多次進攻，最終擊敗了阿茲特克帝國。1521年，墨西哥淪為西班牙殖民地，1535年設新西班牙總督區。西班牙以此為據點，不斷擴大殖民疆域。之後，西班牙人在南美內陸深處的里科峰（今玻利維亞境內）發現了人類有史以來發現的最豐富的銀礦母脈，立即動用了無數印第安人苦力開採銀礦。1565年，祕魯的萬卡韋利卡發現了豐富的水銀礦，西班牙人開始利用水銀從礦砂裏提取純銀。大量白銀的出現正好符合了西班牙經濟擴張的需求。除了將其直接運回本土外，西班牙人還將剩餘白銀運送至東方，以換取中國的絲綢、瓷器與茶葉。

與此同時，鑒於橫跨大西洋發現了新土地，1493年，

科爾特斯

西班牙殖民者的入侵遭到阿茲特克人的頑強抵抗

教皇亞歷山大六世宣佈：西班牙享有西經46度以西的每一塊新發現土地；而葡萄牙則享有該線以東的土地。其他所有歐洲國家對新發現地區不享有管轄權或貿易權。1494年，西葡兩國重新修訂《托德西利亞斯條約》，將分界線再向西移270里格（1里格約合5.556公里），巴西即根據這個條約被劃入葡萄牙的勢力範圍。在「教皇子午線」確定後，葡萄牙和西班牙在周遊全球的大事業中選擇了相反的方向，葡萄牙通過印度洋，西班牙則通過太平洋。葡萄牙人先到一步，卻被中國官方拒之門外，只取得了澳門的居住權。而西班牙自麥哲倫船隊於1521年成功橫渡太平洋西行到菲律賓後，便致力於找尋一條從菲律賓東行返回墨西哥的路線。經過無數次失敗，終於在1565年由一位修士航海家烏爾達內塔發現了「黑潮」（又稱日本暖流）。該航路於春夏季從菲律賓出發，首先乘西南季風到達日本以東，再借助北太平洋暖流和加利福尼亞寒流，橫渡太平洋至墨西哥。從菲律賓到墨西哥，一般需要七八個月的時間；而從墨西哥往西行至菲律賓，一般只需兩三個月時間。「黑潮」航路的發現為馬尼拉大帆船航海事業的發展奠定了基礎。

　　隆慶開關後，泉州、漳州與馬尼拉等東南亞港口可以通商。由於馬尼拉灣非常寬闊平坦，適合船隻停泊；而且出產的柚木輕且堅固，可塑性強，可以用來製作大帆船以進行遠洋航運。西班牙人覬覦馬尼拉灣的航海便利條件，於1571年來到馬尼拉建立了一個貿易港。當時馬尼拉處於摩洛人的統治下，摩洛人也從事海上貿易，控制了東南亞海島地區的許多貿易港口。西班牙人暗殺了摩洛王索利曼，放火將其餘摩洛人趕出馬尼拉，變馬尼拉為其殖民地。西班牙也曾經制訂過征服中國的計劃，但當時西班牙正陷於歐洲長期持續的戰爭和國內動亂，身處經濟危機之中，根本無暇派兵征服中

麥哲倫

斐迪南·麥哲倫（1480年－1521年），葡萄牙探險家、航海家、殖民者。1519年－1522年9月率領船隊完成環球航行，途中在菲律賓死於部落衝突。船隊在麥哲倫死後繼續向西航行，回到歐洲，完成了人類首次環球航行。

國。1588年西班牙無敵艦隊戰敗，其海上霸權遭到毀滅性打擊，從此走向衰落。這一局勢的轉折使西班牙最終確立了與中國保持貿易往來的和平對華政策。

英國艦隊擊敗西班牙無敵艦隊

隆慶元年（公元1567年），明廷頒佈「銀錢兼使」的法令，明朝的貨幣結構發展到白銀為主幣、銅錢為輔幣的時期，實現了貨幣白銀化，白銀成了法定貨幣。但當時明朝的白銀產量不多，白銀短缺成為制約經濟發展的一個重要因素。而拉丁美洲盛產白銀，西班牙也需要從中國進口大量貨物。於是雙方的需求促成了馬尼拉大帆船的產生。

隨着中西貿易的發展，馬尼拉大帆船的航線很快固定下來，成為在菲律賓和墨西哥之間每年往返的商貿要渠。馬尼拉大帆船從墨西哥港口阿卡普爾科出發，將里科峰的白銀運到西班牙的遠東殖民地菲律賓。當時的菲律賓是國際貿易中心，來自遠東各國的產品在此集散，有中國的瓷器和絲綢、馬六甲的香水、爪哇的丁香、錫蘭的肉桂、印度的胡椒。而西班牙鑄造的8雷亞爾銀幣（約合27.468克）專門用於對外貿易，其銀純度穩定地維持在0.931，因此很受中國商人信任，輸入中國後可以直接熔掉做成銀錠。第一艘滿載白銀用以交換中國生絲和瓷器的大帆船於1573年到達馬尼拉。之後

每年春天，都有兩艘西班牙大帆船從墨西哥載着白銀橫渡太平洋來到馬尼拉。差不多相同的季節會有30～40艘中國帆船滿載絲、棉、瓷器、火藥、硫黃、鋼、鐵、水銀、銅、麵粉、栗子、核桃、紡織品和其他珍奇物品，從中國駛向馬尼拉，與西班牙商人交易。16世紀末之後，西班牙王室為防止白銀外流，出台了一系列阻礙大帆船貿易的政策措施。與此同時，17世紀英、法、荷等國的崛起，對西班牙海上貿易構成了嚴峻挑戰。隨着西班牙帝國的不斷衰落，大帆船貿易最終退出了歷史舞台。

馬尼拉大帆船深遠地影響了東西方人們的生活。據岡德·法蘭克所著的《白銀資本》一書估算，從16世紀中期到17世紀中期，流入中國的白銀有7000噸到10000噸，佔當時世界白銀產量的1/4 到 1/3，促進了明代銀本位制度的確立，中國商品經濟的迅速發展也為社會變革注入重大動力。同時，種類繁多的中國商品傳入歐洲和拉丁美洲，滲入到當地各階層人民的社會文化生活中，也促進了歐洲、亞洲與拉丁美洲的文明交流和世界市場體系的形成。

安德烈·岡德·法蘭克（1929年－2005年），西方著名學者，世界體系理論的奠基人之一。1929年生於德國柏林，曾在歐洲、北美和拉丁美洲多所大學執教。法蘭克一直致力於世界體系史、當代國際政治、經濟和社會運動的研究，為依附理論代表人物之一。

第 六 章

海上絲綢之路的美好願景

一 「一帶一路」知多少

中國東部和南部均瀕臨海洋，海岸線總長32000多公里，其中大陸海岸線長18000多公里，島嶼岸線長14000多公里，是世界上海岸線最長的國家之一。中國的海域大多來自西太平洋，被稱為邊緣海，分別是渤海、黃海、東海和南海，總面積470多萬平方公里，有着豐富的油氣資源和動植物資源。我們的先民很早就會利用海洋，「漁鹽之利」和「舟楫之便」是古代文獻中對海洋開發的完美詮釋。

秦漢時期，中國人就對海洋進行過簡單的開發。隋唐時期，隨着航海技術的提高，海上貿易和海上經濟逐漸發展起來。隨着「安史之亂」的爆發，陸上絲綢之路逐漸衰落，海上卻飄揚起越來越鮮豔的旗幟，海上絲綢之路在唐代之後逐漸發展起來，並在宋、元、明時期達到了巔峰。著名經濟史學家岡德·法蘭克在其代表作《白銀資本》一書中提出，自1400年至1800年的數百年間，世界上一半以上的白銀源源不斷地從海上流入中國，購買東方的絲綢、茶葉和瓷器。那時候我們的貨幣白銀成為世界上的通用貨幣。擁有一套中國的絲綢或精美瓷器，是歐洲乃至全世界「炫富」的標杆。海上絲綢之路成為中華民族與世界交流和融合的重要通道。

在中華民族歷史上，許多光輝燦爛的成就中，瓷器是獨具魅力的發明之一。它和絲綢一樣，都是華夏文明對於人類文明做出的偉大貢獻。絲綢貿易繁榮於兩漢，是陸上絲綢之路的標誌；瓷器貿易興盛於宋明，是海上絲綢之路的明珠。它們既代表了中國古代手工藝品發展史的兩個階段，又反映了中西方經濟文化交流的兩個時期，真可謂「各領風騷數百年」。在古希臘、羅馬時期，中國被稱為「絲國」，到中世紀以後，中國成為世界公認的「瓷國」。這一發展不僅僅是

對外貿易物品的簡單轉變，而且代表着中國文化藝術的發展和國際影響力的提升。從絲綢到瓷器，是中國從「絲之國」向「瓷之國」的轉型，是海上「香瓷之路」的確立，同時也是中國古代絲綢之路歷史上的新起點和新篇章。

遺憾的是，隨着「鄭和下西洋」以及「隆慶開關」的結束，封建統治者在加強君主集權的同時，中國在對外交往、國際交流上喪失了主動，變得故步自封、夜郎自大。與此同時，西方殖民者卻在航海大發現後繼續拓展海洋事業。英、法、荷等資本主義新興國家利用在海上絲綢之路中攫取到的巨大利益，加大技術革新的力度，使工業革命率先在西歐出現。

1840年，英國殖民者的堅船利炮，敲碎了清朝官員和士大夫的天朝美夢，中國近代歷史上第一個不平等條約《南京條約》簽訂，中國社會開始淪為半殖民地半封建社會。中國人民在屈辱的近代史中，越來越懷念古代絲綢之路所展示出的偉大與輝煌。著名思想家、維新變法運動的先驅梁啟超曾說過「鄭和之後，再無鄭和」。這既是對古代絲綢之路繁榮的追憶，也是對清政府喪權辱國的無奈。

梁啟超

英國畫家所繪《南京條約》簽訂場景

「五四運動」後，馬克思主義思想傳入中國，偉大的中國共產黨誕生。中國共產黨領導全國人民取得了新民主主義革命的勝利，成為中華民族近代歷史復興的起點。中國人民自力更生、艱苦奮鬥，不僅為實現民主、富強、文明的社會主義現代化強國而奮鬥，更為實現中華民族的偉大歷史復興而奮鬥。

「五四運動」

2013年9月，習近平主席在哈薩克斯坦納扎爾巴耶夫大學演講時提出，要用創新的合作模式，共同建設地跨歐亞的「絲綢之路經濟帶」，從加強政策溝通、道路聯通、貿易暢通、貨幣流通、民心相通入手，形成跨區域大合作格局，加深同鄰國間的經貿往來。一個月後，習近平主席在印度尼西亞國會演講時又明確提出，中國致力於加強同東盟國家的互聯互通建設，願同東盟國家發展海洋合作夥伴關係，共同建設「21世紀海上絲綢之路」。習近平主席的這兩次講話，標誌着「一帶一路」倡議的正式提出，中華民族開始在新的征程中書寫壯麗篇章！

二 「五彩集裝箱」漂洋過海

鄭和下西洋六百多年後，一艘艘萬噸級巨輪從中國沿海城市紛紛出發。他們穿過台灣海峽，越過馬六甲海峽，穿越印度洋後，向阿拉伯半島和紅海地區進發，這正是六百多年前偉大的航海家鄭和所走過的海洋路線。

與鄭和時代不同的是，當年船上裝着種子、絲綢、瓷器、茶葉和明朝的貨幣，今天這些巨輪上裝的是各種各樣的「五彩集裝箱」。自2013年習近平總書記發出「一帶一路」

倡議以來，這條見證着中華民族近代苦難歷程，目睹着中華民族不屈抗爭，承載着中華民族偉大復興使命的古老航道，正在煥發出日新月異的活力。

今天我們在渤海、黃海、東海、南海的海面上，在日復一日的海上航行中，每當走出甲板，都能看到這條海上絲綢之路的世界航道，充滿了各種各樣的，來自世界各地的巨大商船。一個個的「五彩集裝箱」裝載着琳瑯滿目的特色貨物，每天都在不停地忙碌。一艘擔負着連雲港至阿姆斯特丹遠洋航行的「中遠荷蘭」號船長接受採訪時說：

「這條航線是亞歐之間最核心的商業航線，別看我們現在在印度洋上，但通過我們的電子海圖可以看到，在我們的左前方有一艘和我們同向的貨輪，它也是到歐洲去的。還有在我們的右上方，兩艘對開的貨輪，它們是開往亞洲方向的。這條航線上比如馬六甲海峽，和我們即將進入的地中海海域，在我們的熒光屏上有幾十艘甚至上百艘貨輪都是很正常的」。

2018年7月20日，世界上最大的集裝箱貨輪，「中遠海運天秤座」巨型貨輪從天津港正式下水，開啟首航。這艘巨輪總長約400米，寬近60米，最大吃水深度16米，而航速達到每小時22.5海里，最大載重量約20萬噸，可以同時容納2萬多個標準集裝箱，這是目前世界上最大的集裝箱貨輪，也是中國自主研發、國產化率達90%的東方巨龍。

「天秤座」貨輪搭載着16586個標準集裝箱，裏面裝的都是銷往歐洲的貨物，包括衣服、鞋帽等輕工業製品，還有裝在冷箱裏的冷凍雞肉、冷凍魚肉等食品。該船在大幅度提升船舶裝載能力的同時，充分考慮航線攬貨種類和配載操作的實際需求，加大配載靈活性，提高冷箱、危險品箱、重箱和高箱的有效裝載能力。「天秤座」從天津港出發，途經馬

六甲海峽，進入新加坡港，然後沿着印度洋進入紅海，途經蘇伊士運河、希臘**比雷埃夫斯港**、荷蘭鹿特丹港、德國漢堡港，並再次抵達鹿特丹港後返航。

在這條古老的海上絲綢之路上，一艘艘像「中遠荷蘭」號一樣的萬噸貨輪，正裝載着成千上萬個集裝箱，沿着海上絲綢之路西航線，每日向西航行。有的從上海出發，有的從連雲港出發，有的從福建月港出發，目的只有一個：將東方的文明、智慧、財富和友誼沿着海上絲綢之路，源源不斷地傳到西方。以2017年為例，在中國同「一帶一路」沿線國家的進出口貿易中，海上運輸進出口的貨物額近一萬億美元。

在21世紀「一帶一路」的東風下，中國沿海上絲綢之路的海運貿易再次讓世界聚集在這條海路上。從2003年開始，《全國海洋經濟發展規劃綱要》明確提出，我們要逐步建設海運強國。經過十幾年的不懈努力，中國遠洋海運集團有限公司在2016年成立，實現了綜合運力、乾散貨船隊、油輪船隊、雜貨特種船隊、集裝箱碼頭吞吐量和船員管理等六個方面的世界第一。中遠海運集團的萬噸巨輪上，一個個五顏六色的集裝箱群紛紛從中國的天津、上海等地漂洋過海，開闢了遠東至歐洲、遠東至地中海、遠東至紅海、遠東至阿拉伯地區等多條航線，古老的「鄭和下西洋」航線在今天變得更加豐富，更加成熟。

目前中國遠洋運輸航線已經遍佈全球近200個國家和地區的1000多個港口。其中「一帶一路」沿線的遠洋航線有近140條，擁有超過100萬標準集裝箱的大規模運輸能力，其遠洋航線和遠洋貿易，佔中國遠洋航線的60%以上。

截至2018年7月，全球100多個國家和國際組織已經同中國簽署協議，願意加入「一帶一路」的全球大家庭，自歐亞大陸，穿越撒哈拉大沙漠，經過中北美和加勒比海，綿

比雷埃夫斯港為希臘最大港口，距離雅典9公里，是全球50大集裝箱港及地中海東部地區最大的集裝箱港口之一。2008年6月12日，中遠集團在希臘比雷埃夫斯港集裝箱碼頭私有化招標中成功中標，獲得了該碼頭35年特許經營權，管理着該港口的兩個貨櫃碼頭。

延到南太平洋等地。英國著名歷史學家**弗蘭科潘**認為,當習近平主席宣佈「一帶一路」的創想時,意義在於重喚人們對古老繁榮的記憶,世界的軸極正在旋轉回那千年的古絲綢之路。與古絲綢之路相比,今天的「一帶一路」絕不是歷史的回顧和重建,而是前無古人的偉大創舉。

今天,「一帶一路」已經成為中國與外界聯繫的交通路線的代名詞。從西昌衛星發射基地騰空的巴基斯坦衛星,中國援建的塞爾維亞鋼鐵廠,坦桑尼亞馳騁的中國造火車,在埃塞俄比亞熱情工作的中國醫療隊,巴拿馬運河上飄揚着五星紅旗的船舶。駝鈴和桅杆已不再是這個時代的主旋律。而璀璨悠久的中華文明,堅強、擔當、合作、共贏的價值輸出,在千年絲綢之路的基礎上攜手其他國家和人民,在實現人類命運共同體的道路上揚帆遠航!

彼得·弗蘭科潘,英國知名歷史學家,牛津大學歷史教授,伍斯特學院高級研究員,牛津大學拜占庭研究中心主任。因他擅長跳出歐洲歷史角度來剖析當代世界格局,而廣受世界主流歷史學界的關注。

◎ 責任編輯：梁潔瑩
◎ 裝幀設計：鄧佩儀
◎ 排　　版：鄧佩儀
◎ 印　　務：劉漢舉

海上絲路百科

吳志遠　著

出版 | 中華教育

香港北角英皇道 499 號北角工業大廈 1 樓 B 室

電話：（852）2137 2338　傳真：（852）2713 8202

電子郵件：info@chunghwabook.com.hk

網址：http://www.chunghwabook.com.hk

發行 | 香港聯合書刊物流有限公司

香港新界荃灣德士古道 220-248 號荃灣工業中心 16 樓

電話：（852）2150 2100　傳真：（852）2407 3062

電子郵件：info@suplogistics.com.hk

印刷 | 美雅印刷製本有限公司

香港觀塘榮業街 6 號海濱工業大廈 4 字樓 A 室

版次 | 2022 年 11 月第 1 版第 1 次印刷

© 2022 中華教育

規格 | 16 開（230mm x 170mm）

ISBN | 978-988-8808-90-8